Kerbs / Müller / Krumteich
Drechsel / Tietgens / Heine

Das Ende der Höflichkeit
Für eine Revision
der Anstandserziehung

Juventa Verlag München

ISBN-3-7799-0064-5

2. Auflage 1972
1970 © Juventa Verlag München
Printed in Germany
Druck: Buchdruckerei August Busch, Bad Tölz

INHALT

Zur Einführung

Die Autoren dieses Buches haben ein gemeinsames Interesse. Sie wollen eine Problematik in die öffentliche Diskussion ziehen, die bisher von der pädagogisch-politischen Kritik weitgehend verschont wurde: die der Anstandserziehung, der Unterweisung in den Normen des ›guten Benehmens‹, der Initiation in die Rituale der Höflichkeit. Sie haben beobachtet, daß in diesem Bereich, weitab aller erziehungswissenschaftlichen Reflexion, reaktionäre Inhalte und Verhaltensmaßregeln ungestört weiter vermittelt werden. Sie haben festgestellt, daß die bürgerlichen Konventionen heute wie eh und je dazu dienen, denen, die sich ihnen unterwerfen, Interessen einzureden, die sie nicht haben, und denen, die davon profitieren, bei der Verschleierung ihrer Interessen behilflich zu sein. Die Autoren dieses Buches, als Erziehungswissenschaftler an den Umgang mit pädagogischer Literatur gewöhnt, bedauern es, daß die reale politische Bedeutung der Anstandserziehung von der vorliegenden Fachliteratur weder widergespiegelt noch auch nur in Ansätzen thematisiert worden ist. Während die Schulpädagogik und die allgemeine Didaktik sich von den Problemen der sozialen Erziehung immer weiter entfernt und die politische Bildung sich auf die Vermittlung von Sachwissen konzentriert, bleiben die Probleme des öffentlichen zwischenmenschlichen Verhaltens weiterhin der kurzsichtigen Praxis von selbsternannten ›Anstandslehrern‹ überlassen, die mit ungetrübter Selbstsicherheit fleißig falsches Bewußtsein verbreiten. Dieses Buch möchte

der Anfang des Endes jener überfälligen Anstandserziehung sein. Es will Pädagogen auf dieses bisher vernach-
lässigte Problemfeld aufmerksam machen und sie dazu
aufrufen, mit der Jugend gemeinsam zu analysieren, auf
welche Weise hierzulande die Anweisungen zum guten
Benehmen mit den Herrschafts- und Besitzverhältnissen
zusammenpassen.

Der erste Beitrag stellt die Frage, ob es in einer Gesellschaft wie der unseren überhaupt sinnvoll sei, zum Anstand und zur Anständigkeit, zum sittsamen Benehmen
und zum sittlichen Handeln zu erziehen. Anhand von
Zeitungsmeldungen und Zitaten wird ein Panorama der
Unanständigkeit eben jener Gesellschaft entfaltet, die in
dem gleichen Atemzug nach Anstand, Sauberkeit und Ordnung verlangt, in dem sie Völkermord und Folter gutheißt.
Wenn man einmal genau hinsieht, von wem in welchem
Kontext und in welcher Bedeutung Worte wie ›Anstand‹
oder ›Anständigkeit‹ gebraucht werden, so wird man bald
auch an dem eigenen Sprachgebrauch zu zweifeln beginnen
und sich fragen müssen, ob die Begriffe nicht ebenso radikal neu bestimmt wie die sozialen Verhältnisse umgewälzt
werden müssen, die solche Begriffe hervorbringen und
tradieren. Zu einer derartigen Problematisierung versucht
Diethart Kerbs in seinem Aufsatz Belege und Argumente
beizubringen. Am Schluß des Beitrages finden sich bereits
einige Hinweise auf ›Anstandserziehung als politische Erziehung‹, die dann im Schlußkapitel wieder aufgenommen
werden.

Die Auflagen zeitgenössischer Umgangsbücher in der BRD
und der DDR gehen in die Hunderttausende. Offensichtlich werden sie häufiger verschenkt als gelesen. Sonst wäre
es nahezu undenkbar, daß man sie weiterhin ernst nehmen,
kaufen, ja auch nur tolerieren würde. Anders gewendet:
in ihrer kaum verhüllt reaktionären Direktheit bieten sie
sich als aussagekräftiges Anschauungsmaterial für zwei Ge-
sellschaftssysteme an, die ihre je hierarchischen Strukturen
durch Verhaltensregeln absichern, welche garantieren, daß
der herrschende Ton der Ton der Herrschenden ist und
bleibt.

Anstands-Autoren in BRD und DDR beziehen sich mit gleicher Intensität und Inkompetenz auf den ›Umgang mit Menschen‹ des Adolph Freiherrn Knigge. Wiltrud Drechsel versucht in ihrem historischen Beitrag, die bürgerlich-revolutionären, auf Emanzipation des kleinen Mannes gerichteten Absichten Knigges herauszuarbeiten und deutlich zu machen, daß es Knigge nicht um die Ver-Höflichung, sondern um die Offen-Legung gesellschaftlicher Interessen ging.

So, wie Knigges Umgangsformen ein Instrument der Distanzierung zwischen Menschen unterschiedlichen sozialen Interesses waren, so sieht Hans Tietgens Konventionen als Mittel der Übereinkunft im Blick auf gegenseitiges Verhalten. Er verweist auf ihre Funktion als Garanten eines Minimums von Sicherheit und Verläßlichkeit beim Einschätzen der Reaktionsweisen des Partners.

Hartwig Heine hingegen möchte unerwartete Tabu-Verletzungen, also das bewußte Brechen von Konventionen und Verneinen der Rituale als Mittel politischer Veränderung einsetzen, um damit zur ›Revolutionierung der Revolutionäre‹ beizutragen und gleichzeitig schwankenden Betrachtern zu helfen, ihre autoritäre Fixierung auf die Veranstalter und Nutznießer der gebrochenen Konventionen und der zerstörten Rituale zu überwinden. Bis zu diesem Punkt befassen sich alle Beiträge unseres Buches mit dem öffentlichen Sektor gesellschaftlich vermittelter Umgangsformen. Sie klammern den Bereich der privaten und für intim gehaltenen zwischenmenschlichen Beziehungen aus. Der Beitrag von Mitgliedern der Kommune II in Berlin versucht jene experimentellen Erfahrungen zu verdeutlichen, welche mit der Veränderung und Erweiterung der zeitgenössischen Kleinfamilie durch multilaterale Lebensformen verbunden sind. Hier soll die Rekonstruktion überfamilialer Partnerbeziehungen dazu beitragen, das durch autoritäre Familienerziehung verstümmelte kleinbürgerliche Individuum auf neue Weise zu vergesellschaften.

Es bleibt die für Pädagogen unausweichliche Frage: was tun? angesichts einer gesellschaftlichen Situation, in der ökonomisch-soziale Struktur und Höflichkeitspostulat einander widersprüchlich begegnen. Diethart Kerbs und C. Wolfgang Müller versuchen, einige mögliche didaktische Ansätze ins Auge zu fassen. Sie schlagen vor, die Texte der Anstandsbücher als ideologische Texte zu destruieren, sich in distanzierter und überlegter Anpassung und Provokation zu üben und Gegen-Kulturen zu entwickeln, in denen auf neue, notwendig experimentelle Weise die Identität von Bewußtsein und Sein, von Postulat und Verhalten wenigstens im Ansatz hergestellt und dargestellt werden kann.

Denn das Ende der Höflichkeit bedeutet uns nicht den Untergang von Sensibilität, Zärtlichkeit und Takt, sondern den Anfang einer pädagogisch-politischen Arbeit, die mit der Veränderung der Gesellschaft auch eine Humanisierung des zwischenmenschlichen Verhaltens herbeiführen will.

Diethart Kerbs und C. Wolfgang Müller

Diethart Kerbs:
Erziehung zum Anstand in einer unanständigen Gesellschaft

Benimm dich ANSTÄNDIG. Das ist aber ANSTÄNDIG von dir. Es regnet ganz ANSTÄNDIG. Sie ist immer ANSTÄNDIG gekleidet. Der Kerl hat keinen ANSTAND im Leibe. ANSTÄNDIGERWEISE wurde die Ware zurückgenommen. ANSTANDSHALBER haben wir unseren Besuch angekündigt. Sie haben mir trotzdem ein HOCHANSTÄNDIGES Zeugnis gegeben. Er hat sich mit ANSTAND aus der Affäre gezogen. Sie ist geradezu UNANSTÄNDIG fleißig. Erzähl deine UNANSTÄNDIGEN Witze woanders. Soviel ANSTAND darf man von einem alten Ganoven doch wohl noch erwarten. Sie ist ein ANSTÄNDIGES Mädchen. Aus ANSTAND wurde auf die Rückgabe der Geschenke verzichtet. Die ANSTÄNDIGKEIT seiner Gesinnung wird nicht in Zweifel gezogen. Die UNANSTÄNDIGKEIT dieses Romans ist kaum noch zu überbieten. Drück dich bitte ANSTÄNDIG aus. Wir werden schon noch einen ANSTÄNDIGEN Menschen aus dir machen.

Was heißt hier Anstand? Schon eine kurze Sammlung gängiger Sätze macht deutlich, wie verworren die Begriffe sind. Daß es manchmal ganz anständig regnet, heißt freilich nur, daß es ziemlich viel regnet. Aber daß ›sich anständig benehmen‹ etwas ganz anderes bedeutet als ›anständig sein‹, führt schon mitten in die Problematik hinein, nämlich in die Diskrepanz zwischen gesittetem Verhalten und sittlichem Handeln. Die Substantive trennen hier etwas schärfer: ›Anstand‹ heißt soviel wie formvollendetes Auftreten und taktvolles Benehmen, ›Anständigkeit‹ bezeichnet dagegen charakterliche Werte. Beides wird aber oft auch zusammengeworfen, vor allem in der Negation: wer sich nicht wäscht und kämmt, der stiehlt und mordet sicher auch.

Erziehung zum Anstand ist also oft genug mehr als eine bloße Unterweisung in den Regeln der Höflichkeit; in der Anstandserziehung geschieht immer schon ein guter Teil der moralischen und politischen Erziehung. So wie man sich stets waschen und kämmen soll, so darf man auch nicht einfach nach Belieben stehlen und morden. Unter Umständen darf und muß man sich aber allerdings an organisierten Raub- und Mordaktionen beteiligen, während das Gebot, sich zu waschen und zu kämmen, trotzdem aufrechterhalten bleibt. Unter Umständen reagiert die Gesellschaft sogar aggressiver auf ungewaschene Füße als auf Beteiligung am Völkermord. Davon soll dieser Aufsatz handeln.

I.

Nachdem der Oberndorfer ›Schwarzwälder Bote‹ den Berliner SDS-Ideologen Rudi Dutschke und seine Anhänger in einem Artikel als ›linke SA‹ bezeichnet hatte, protestierte Hugo Gleiter aus Horb (am Neckar) in einem Leserbrief gegen diesen Vergleich. Leser Gleiter: »Als ehemaliger alter SA-Führer verwahre ich mich schärfstens im Namen meiner Kameraden gegen Ihren Artikel ›Linke SA‹ im ›Schwarzwälder Boten‹. Wir weisen es zurück, mit den Teufels, Dutschkes und anderen ungewaschenen, verkommenen LSD-Schluckern in einen Topf geworfen zu werden. Die SA war der Aufstand der Anständigen gegen den damals auf allen Gebieten zutage getretenen Zerfall. Während die frommen Bürger zu träge und zu feige waren, hat die SA allein den Kampf gegen Verseuchung und Dekadenz aufgenommen. Diese schlichten Dinge werden total verdreht und vernebelt.« (In: ›Der Spiegel‹, 22. Januar 1968, S. 114.)

Daß die Anstandserziehung ein Teil der moralisch-politischen Erziehung ist, dürfte nach diesen Sätzen unmittelbar einleuchten — jedenfalls haben sich die diesbezüglichen Vorstellungen des Herrn Hugo Gleiter und seiner Kameraden bereits hinreichend ausgewirkt.

Verseuchung, Dekadenz, Zerfall: so heißt im organizistischen Weltbild des Faschismus die Gefahr, der durch einen ›Aufstand der Anständigen‹ begegnet werden mußte. Die

Anständigen, das sind die Männer mit dem kurzen Bürstenhaarschnitt, die nach Kernseife riechen und an Deutschland glauben. Sie verhalten sich in jeder Situation einwandfrei, auf ihren Gehorsam kann man tausendjährige Reiche bauen.

Der ›Aufstand der Anständigen‹: das ist im Selbstverständnis der Faschisten von damals und heute stets auch der Aufstand der Saubereren, der Starken, der Gesunden. Sich nicht gehen lassen, tapfer sein, zuverlässig sein, ohne Zaudern und Zweifel seine Pflicht tun, den inneren Schweinehund überwinden — das heißt im Sinne dieser Moral anständig sein. So wie man sich äußerlich keine Nachlässigkeit und keinen Schmutz durchgehen läßt, so läßt man sich auch innerlich keine Schwäche durchgehen. Nichts ist schlimmer, als vor sich und anderen unschlüssig, wankelmütig und schwach zu erscheinen. Schmutz und Unordnung, Schwäche und Chaos, Zweifel und Anarchie werden synonym. Geordnete Verhältnisse, Ruhe und Sauberkeit,[1] und eine starke Führung: das ist der Staat der ›Anständigen‹. Für ihn muß man ohne zu zweifeln oder schwach zu werden seine Pflicht tun, gleichgültig welcher Art diese Pflicht auch immer sei. Aus einer Rede Heinrich Himmlers auf einer SS-Gruppenführertagung in Posen am 4. Oktober 1943:

>*Von euch werden die meisten wissen, was es heißt, wenn 100 Leichen beisammen liegen, wenn 500 da liegen oder wenn 1 000 da liegen. Dies durchgehalten zu haben und dabei — abgesehen von Ausnahmen menschlicher Schwächen — anständig geblieben zu sein, das hat uns hart gemacht. Dies ist ein niemals geschriebenes und niemals zu schreibendes Ruhmesblatt unserer Geschichte.*« (In: Walther Hofer: Der Nationalsozialismus, Fischerbücherei Nr. 172, Frankfurt 1957, S. 114.)

Offenbar wird also selbst bei der Beschäftigung, die ein naiver Moralist als die unanständigste aller Beschäftigungen klassifizieren würde: beim organisierten Massenmord, ›Anständigkeit‹ verlangt. Von welcher Art dieses ›Anständig-Sein‹ ist, wird an einer anderen Stelle der gleichen Himmler-Rede deutlich:

»Ein Grundsatz muß für den SS-Mann absolut gelten: ehrlich, anständig, treu und kameradschaftlich haben wir nur zu Angehörigen unseres eigenen Blutes zu sein und zu sonst niemandem. Wie es den Russen geht, wie es den Tschechen geht, ist mir total gleichgültig. . . . Wir Deutsche, die wir als einzige auf der Welt eine anständige Einstellung zum Tier haben, werden ja auch zu diesen Menschentieren eine anständige Einstellung einnehmen, aber es ist ein Verbrechen gegen unser eigenes Blut, uns um sie Sorge zu machen.« (ebenda, S. 113.)

Es handelt sich um eine schlichte Zweiteilung der Moral: anständig — das heißt menschenwürdig (ehrlich, treu) und höflich (kameradschaftlich) — hat man sich nur zu den Angehörigen des eigenen Blutes zu verhalten. Alle anderen Menschen, zum Beispiel die Bewohner eroberter Gebiete oder die Angehörigen anderer Rassen und Religionsgemeinschaften, gelten prinzipiell als tierähnlich und sind daher auch wie Tiere zu behandeln, das heißt mit einer reduzierten Anständigkeit, die sich schließlich in der Vorsorge für eine möglichst hygienische Abschlachtung erschöpfen kann. Die Konfrontation mit den Opfern solcher Vernichtungsaktionen wird zum Test auf die Unerschütterlichkeit dieser Doppelmoral. Die »Ausnahmen menschlicher Schwächen« — das dürften diejenigen gewesen sein, denen angesichts der Leichenberge physisch übel wurde oder die sich gefragt haben, ob nicht auch Russen oder Juden ein Recht auf Leben haben.
Die faschistoide oder faschistische Doppelmoral, die hier ihre deutlichste Artikulation erfahren hat, gesteht nur den Angehörigen der eigenen Art normgerechtes Verhalten und normgerechte Behandlung zu. Nur wer zu der in-group der Ebenbürtigen gehört, kann sich ›anständig‹ verhalten und soll ebenso ›anständig‹ behandelt werden. Die anderen, die Fremden, die Feinde sind Menschen von minderer Art, so gut wie Tiere, und wenn sie noch dazu schmutzig sind, lange Haare oder krumme Nasen oder eine dunkle Haut haben: so gut wie Ungeziefer, das man ausrotten darf.[2] Die Indizien der Inferiorität sind das ästhetische Signal, das sie zum Freiwild macht. Allerdings gibt es sehr verschiedene Grade des jägerischen Bewußtseins, und die

aggressiven Instinkte, die im Rahmen bestimmter Ideologien von solchen Signalen ausgelöst werden, können mehr oder weniger reduziert und kontrolliert sein.

Solche Doppelmoral ist weder erst mit dem Faschismus entstanden, noch ist sie mit ihm verschwunden — es hat sie vielmehr schon immer gegeben und wird sie vermutlich noch sehr lange geben. Alle abweichenden Minderheiten, alle Unterdrückten und Rechtlosen, alle Schwachen bekommen sie (mehr oder weniger hart) zu spüren: hier die Fremdarbeiter, dort die Neger, wieder woanders die Armen oder die Frauen oder die Studenten.

Die Studenten — oder jedenfalls eine bestimmte Gruppe unter ihnen, die sich zur außerparlamentarischen Opposition rechnet — haben es sogar von einem deutschen Minister schriftlich bekommen, daß ihnen eine Bestrafung außerhalb der allgemeinen Rechtsnormen drohen kann, wenn sie sich ›unanständig‹ benehmen. Im Juli 1969 telegraphierte der damalige Bundesfinanzminister Franz-Josef Strauß an den bayerischen Ministerpräsidenten:

»Lenke Ihre Aufmerksamkeit auf die Vorgänge im Bamberger Raum, wo die Apo sich außerhalb der natürlichsten Gepflogenheiten des primitivsten menschlichen Anstands stellt. Die Außergesetzlichen haben in gröbster Weise die öffentliche Ruhe und Ordnung gestört, das Landratsamt in Bamberg besetzt, die Akten aus dem Fenster auf die Straße geworfen und sich bei ihrer Festnahme in übelster Form aufgeführt. Diese Personen nützen nicht nur alle Lücken der Paragraphen eines Rechtsstaates aus, sondern benehmen sich wie Tiere, auf die die Anwendung der für Menschen gemachten Gesetze nicht möglich ist, weil diese Gesetze auch bei Rechtsbrechern noch mit Reaktionen rechnen, die der menschlichen Kreatur eigentümlich sind.« (In: ›Der Spiegel‹, 28. Juli 1969, S. 20.)

Allein die beiden ersten Sätze dieses Telegramms enthalten vier klassische Empörungs-Superlative: die Demonstranten haben sich in »übelster« Form aufgeführt, sie haben Ruhe und Ordnung in »gröbster« Weise gestört und schließlich haben sie sich außerhalb der »natürlichsten« Gepflogenheiten des »primitivsten« menschlichen Anstands gestellt. Damit ist — in Ermangelung präziserer Argumente — hinlänglich klargestellt, daß es sich bei Menschen, die sich dermaßen superlativisch danebenbenehmen, nur um ›Außergesetzliche‹ handeln kann, für die das auf den braven Bürger zugeschnittene Gesetz eigentlich zu schade ist. Also auch hier — wenngleich in einem harmloseren Fall — die faschistoide Doppelmoral, die nur zu leicht in eine offen faschistische umschlagen kann.

Das humanitäre schlechte Gewissen, der Störfaktor der von Himmler erwähnten menschlichen Schwächen, sie werden in der Regel dadurch hinwegeskamotiert, daß das System der Doppelmoral verdinglicht wird, das heißt indem man die Normen, nach denen bestimmte Personengruppen deklassiert werden, als naturgegeben, als sachnotwendig, als unmittelbar evident oder als gesetzmäßig hinstellt.

Im Falle der Verfolgung der Homosexuellen war — bis zum September 1969 — die Abweichung von der sexuellen Norm ein Vergehen, das von Staats wegen bestraft werden mußte. Um die Verfolgung zu rechtfertigen, war der Begriff der ›widernatürlichen Unzucht‹ erfunden worden. Zur Aufrechterhaltung der ›natürlichen‹ und ›züchtigen‹ Sexualmoral wurden im Namen des Gesetzes von den Verfolgern Handlungen begangen, die an Perversität den ›Untaten‹ der Verfolgten gewiß nicht nachstehen.

»Hamburgs Polizei verplempert ... keine Zeit durch Beobachtungen der Bedürfnisanstalten von außen. Sie bezieht direkt im Tatort Posten. Dies geschieht nicht einmal mit dem Ziel, Straftaten vorzubeugen und Bürger an gesetzwidrigem Tun zu hindern. Im Abort gehen die Beamten zunächst in Lauerstellung. Aus einem Nebenraum beobachten sie die Besucher mit Hilfe eines sogenannten Einwegspiegels (Polizeijargon: ›Television‹), durch den sie sehen können, ohne selbst gesehen zu werden.
Dank dieser erfolgreichen und nicht einmal mühevollen, allenfalls ein klein wenig unappetitlichen Fahndungsmethode kann das Hamburger Amtsgericht ohne Beweisschwierigkeiten laufend Homosexuelle aburteilen.
So wurde beispielsweise unter dem Aktenzeichen 138 Ds 110/67 einem Homophilen der Prozeß gemacht, der sich in der Hamburger Bedürfnisanstalt am alten Fischmarkt einem Zufallspartner hingegeben hatte. Erst nachdem sich die beiden Männer getrennt hatten, waren die in der Toilette diensthabenden Ord-

nungshüter aus ihrem Versteck gekommen, um die Gesetzesbrecher zu stellen.
Nicht immer kann Hamburgs Kripo bei der Jagd auf Homosexuelle technisches Gerät einsetzen. Gelegentlich müssen die Beamten Unbequemlichkeiten auf sich nehmen.
Splitternackt unterzogen sich beispielsweise geschulte Kriminalisten im ›Hammonia-Bad‹ am Hamburger Lerchenfeld einer kräftezehrenden russisch-römischen Dampf-Schwitzkur, immer in der Erwartung, im dichten Nebel der Badestube Homosexuelle auf frischer Tat fassen zu können. Wegen schlechter Sicht, so berichtete ein Kripomann seiner Dienststelle, sei er in einem Fall mit dem Kopf ›so nahe an den Vorgang herangegangen‹, daß er befürchten mußte, selbst als Homosexueller angesehen zu werden. Fahndungserfolg: Gefängnisstrafen zwischen zwei und acht Wochen für die Täter.« (Georg Würtz: Wird Homosexualität gesellschaftsfähig? In: ›Stern‹, Nr. 42, 15./21. Oktober 1968, S. 179 f.)

Was von jedem halbwegs sensiblen Menschen als arge Zumutung empfunden würde — nämlich die intimen Handlungen anderer Menschen wie ein Voyeur belauern zu müssen —, das wurde hier im Namen von Sitte und Gesetz verlangt und geleistet. Fragwürdig war allerdings zunächst das Gesetz, das gleichgeschlechtliche Beziehungen zwischen erwachsenen Männern unter Strafe stellte; aber nicht minder fragwürdig war die Art, in der die Polizei dieses Gesetz befolgte. Nachdem die entsprechenden Paragraphen seit dem September 1969 ersatzlos gestrichen worden sind, werden die betreffenden Polizisten sich um weniger delikate Fälle kümmern müssen. Vermutlich kamen sich die Beamten damals noch nicht einmal besonders seltsam vor, weil sie die Normen ihrer Pflicht dermaßen verinnerlicht hatten, daß sie kaum noch bemerkten, wie unanständig sie sich — von einem anderen Standpunkt aus geurteilt — benahmen. Das verdinglichte Gesetz hatte das spontane Empfinden bereits weitgehend ausgeschaltet. Denn in den Augen der Polizei handelte es sich bei den Homosexuellen nicht um normale Menschen, sondern um Gesetzesbrecher, um Kriminelle, also tendenziell um ›Menschentiere‹, auf die Jagd gemacht werden darf und soll. Wer ihnen aus welchen Gründen den Stempel der Jagbarkeit aufgedrückt hat, ob und warum das, was sie tun, ein strafwürdiges

Vergehen ist, danach darf in der Exekutive nicht mehr gefragt werden. Das wird besonders deutlich, wenn — wie es hier geschah — der Gesetzgeber plötzlich seine Auffassung revidiert und ein neues Gesetz beschließt, in dem, was gestern noch verboten war, von heute an erlaubt ist.

Nicht sehr viel anders als damals mit der Jagd auf die Homosexuellen verhält es sich heute noch mit der Bespitzelung und Verfolgung politischer Gegner. Das Abhörgesetz ermöglicht es, die Privatsphäre eines jeden Bürgers bis in den hintersten Winkel auszukundschaften, ohne daß dieser sich auf irgendeine Weise dagegen wehren kann, wenn er sich zu Unrecht verdächtigt fühlt.[3] Nach welchen Kriterien einer zum politischen Feind gestempelt wird und vor allem: wer diese Entscheidung fällt, das bleibt weitgehend im Dunkeln. Anstand und Anständigkeit sind in diesem Zusammenhang irrelevante Begriffe — denn hier geht es um den Schutz des Staates (wie dort um den Schutz der Sittlichkeit): darum darf man nicht mehr nach der Schicklichkeit oder Appetitlichkeit der eingesetzten Mittel fragen, sondern nur nach ihrer Notwendigkeit. Jeder Zweifel an der Richtigkeit und Rechtmäßigkeit der Maßnahmen lenkt den gleichen Feind-Verdacht auf den Zweifelnden, der nun seinerseits die gleichen Maßnahmen zu gewärtigen hat. So beginnt die verwaltete Demokratie sich selbst zu sabotieren, so wird der Schutz der Demokratie zur Gefährdung der Demokratie. Oder — wie es in Heinar Kipphardts Oppenheimer-Stück heißt —: »Wir verteidigen die Freiheit solange, bis nichts mehr von ihr übrig ist.« Als es 1951 um die Wiederaufrüstung der Bundesrepublik ging, beteiligte sich der damals gerade aus der CDU ausgetretene Gustav Heinemann — der jetzige Bundespräsident — an der Gründung einer »Notgemeinschaft für den Frieden Europas«.

»Die ›Notgemeinschaft‹ brachte um die 200 000 Unterschriften unter eine Petition gegen die westdeutsche Aufrüstung zusammen — und verzichtete dann darauf, sie dem Bundestag vorzulegen, denn der Verfassungsschutz harrte allzu begierig der Unterschriftenlisten.« (In: ›Der Spiegel‹ vom 13. Januar 1969, S. 33.)

Man sollte meinen, eine der grundlegenden Anstandsnormen jeder Demokratie sei die prinzipielle Gleichheit und Rechtssicherheit für alle Bürger, auch wenn sie eine von der gegenwärtigen Regierung abweichende politische Meinung vertreten. Schon in den ersten Jahren der Bundesrepublik war jedoch der kritische Bürger ein Unterprivilegierter, weil er keine abweichende Meinung äußern durfte, ohne sich sogleich in die Gefahr zu begeben, als ein politischer Feind des Staates bespitzelt und verfolgt zu werden. Heute hat der Verfassungsschutz seine Agenten bereits in fast allen Universitäten, und es genügt, ein Vietcong-Abzeichen zu tragen, um verdächtig zu erscheinen.

Die Definition des Bürgers als des durchschnittlichen Unterprivilegierten, als des ›Unternommenen‹ (um noch einmal mit Heinar Kipphardt zu sprechen), der von den verschiedenen Unternehmern dieser Gesellschaft manipuliert und ausgebeutet wird, mag nicht sehr freundlich sein, ja sie mag von den damit bezeichneten selbst abgelehnt werden: ich meine, daß sie für die große Masse der Arbeiter, Angestellten und Beamten dennoch zutrifft. Auch dazu ein Beispiel, diesmal aus der Wirtschaft. ›Der Spiegel‹ berichtete unter dem Titel »Zukunft verbaut« über »Wohnen in Deutschland«:

»*Verdoppelt haben sich (Beispiel Hannover) in den letzten 30 Jahren die Lebenshaltungskosten; im selben Zeitraum haben sich die Baukosten vervierfacht, die Baulandpreise aber verzehnfacht. In München stiegen die Bodenpreise, bezogen auf Januar 1957, um 890 Prozent.*

In kaum einer anderen Branche konnten Besitzende ihr Kapital so rasch um so gewaltige Summen und so risikolos vermehren wie im deutschen Wohnungsbau — auf Kosten der Mieter und der Steuerzahler.

Ein Unternehmer beispielsweise, der in der Nähe von Neumünster drei Wohnblocks für Bundeswehr-Offiziere errichten ließ, tat dies mit 50 000 Mark Eigenkapital und 450 000 Mark Staatszuschuß je Block, konnte aber gleichzeitig den Gesamtbetrag von 500 000 Mark von der Steuer abschreiben. . . .

In keinem anderen Zweig der modernen Konsumgesellschaft ist auf so inhumane Weise dokumentiert worden, daß rein ökonomische Verfahrensweisen scheitern müssen, wenn es gilt, soziale Aufgaben zu lösen.

Noch klarer als in der Wiederaufbauphase zeichnet sich das bei der beginnenden zweiten Wohnbau-Welle ab. So werden unter dem Rubrum ›Stadtsanierung‹ beispielsweise in West-Berlin Teile der Stadtbezirke Wedding, Kreuzberg, Charlottenburg und Neukölln abgerissen; ihre Bewohner müssen — zu doppelter bis vierfacher Miete und unter Verlust aller gewohnten sozialen Kontakte — in den Stadtrandsiedlungen ›Märkisches Viertel‹ und ›Gropiusstadt‹ neu Fuß fassen. ...

Kritiker haben vorgerechnet, daß Umbau und Modernisierung der alten Mietskasernen bedeutend weniger gekostet hätten. Und fortschrittliche Städteplaner haben längst erkannt, daß sie die Monotonie der Reißbrett-Siedlungen am ehesten vermeiden könnten, wenn sie stattdessen Bestehendes, Gewachsenes durch Umbau und Änderung verbessern würden (wobei die angestammten Sozialstrukturen erhalten blieben).

So nähren Sanierungsprogramme wie das in West-Berlin den Verdacht, daß sie eher politisch-wirtschaftlichen als städtebaulichen Zwecken dienen: Es ist die indirekte Subvention für einen Industriezweig, der unter dem Bedarf der fünfziger Jahre zu gigantischen Dimensionen aufgebläht wurde und nun mit Aufträgen bedient werden muß.« (In: ›Der Spiegel‹, 3. Februar 1969, S. 54 ff.)

Das sind Prozesse, auf die der durchschnittliche Bürger keinerlei Einfluß hat. Derartige Entscheidungen (wie Abriß ganzer Häuserblocks und Evakuierung der Bewohner in weit entfernte Trabantenstädte) werden über ihn verfügt. Wenn er vielleicht Bauarbeiter ist, hat er sogar einen produktiven Anteil an dem System, das ihn und seinesgleichen auf solche Weise manipuliert und ausnimmt, das heißt er verdient sich seinen Lebensunterhalt, indem er sich unwissentlich zum Komplizen seiner eigenen Übervorteilung macht.

»Nach einer Untersuchung von Prof. Gleitze, dem Leiter des wirtschaftswissenschaftlichen Instituts des DGB, beträgt der Realvermögenszuwachs in der BRD von Kriegsende bis zur Krise von 1966/67 bzw. bis zum Beginn der großen Koalition 922 Mrd. DM. Der Anteil der Arbeitnehmer an diesem neugebildeten Sachvermögen beträgt 160 Mrd. DM oder etwas über 17 Prozent. Die Arbeitnehmer bilden 83 Prozent der erwerbstätigen Bevölkerung. Auf weniger als 10 Prozent der erwerbstätigen Bevölkerung, die als Unternehmer oder als Selbständige tätig sind und auf das vom Staat angehäufte Sachvermögen entfielen 739 Mrd. DM, das sind 80 Prozent. Nach dem Gut-

achten von Prof. Föhl ›Kreislaufanalytische Untersuchung über die Vermögensbildung in der BRD‹ ist die Verteilung des Geldvermögens noch weniger günstig für die Arbeitnehmer als die Verteilung des Sachvermögens.« (In: ›Links‹, Nr. 0 - 4/69, S. 14.) *»Rund 2 380 westdeutsche Unternehmer und Kapitaleigner hatten 1965 ein Monatseinkommen von durchschnittlich je 190 000 Mark. Im gleichen Jahr verdiente ein Drittel der Lohn- und Gehaltsempfänger höchstens 500 Mark: binnen zwölf Monaten soviel wie die Millionäre in 23 Stunden. Deutschlands Kaufhäuser zahlten ihren Vorstandsmitgliedern 1967 höhere Gehälter als alle anderen Branchen, im Monat durchschnittlich 45 304 Mark. Unterhalb der getäfelten Vorstandsetagen aber arbeiten in Kaufhäusern die am schlechtesten bezahlten Angestellten der Bundesrepublik. Ihr durchschnittliches Monatsgehalt betrug 1 014 Mark — das strichen die Herren aus dem Top-Management alle fünf Stunden ein. Insgesamt 15 247 Bundesbürger mußten 1966 Vermögen mit mehr als einer Million Mark versteuern. Allein Westdeutschlands 34 reichste Männer zogen aus ihrem Besitz Jahreseinkommen von jeweils mehr als zehn Millionen Mark. Diese kleine Gruppe, zu der die Industriellen Friedrich Flick und Herbert Quandt, der Presse-Tycoon Axel Springer und die Feudalsippe derer von Thurn und Taxis zählen, meldete den Finanzämtern 1965 ein Gesamteinkommen von rund 680 Millionen Mark — genau doppelt soviel wie die 29 000 Arbeiter und Angestellten der August Thyssen-Hütte AG in Duisburg-Hamborn zusammen. Fast die Hälfte aller westdeutschen Haushalte konnte bis 1961 von ihrem Arbeitslohn noch nicht einmal 2 000 Mark zurücklegen. Der Betrag reicht gerade aus, die Beerdigungskosten des Ernährers zu decken. Rund drei Millionen Familien mit fast neun Millionen Angehörigen besitzen fast nichts außer einem bißchen Hausrat und ihrer Garderobe.«* (In: ›Der Spiegel‹, 28. Juli 1969, S. 38.)

Nehmen wir einmal an, unser oben erwähnter Bauarbeiter hat einen Sohn. Den hat er von früh auf erzogen, immer die rechte Hand zu geben und was sich sonst so gehört. Jetzt ist der Junge in der letzten Klasse der Mittelschule. Er darf zur Tanzstunde gehen, damit er sich anständig bewegen lernt und auch sonst den letzten Schliff erhält, um in die Welt der Erwachsenen entlassen zu werden. Schließlich muß auch ein Beruf für ihn gefunden werden. Nehmen wir an, er ist flink und geschickt, aber nicht gerade sehr redegewandt. Er entscheidet sich Automechaniker zu werden.

»Das ist eine gute Beschäftigung, die ihm vertraut ist und die er oft als Kind beobachtet hat. ... Man macht sich bei den Leuten beliebt, indem man ihnen ihr Auto wieder in Gang bringt; und ein Mann ist stolz darauf, das Auto, das hinter dem Abschleppwagen hereinkam, mit eigener Kraft wieder hinausfahren zu sehen. Die Bezahlung ist so gut wie die des nächsten Kameraden, den man achtet.

So nimmt unser junger Mann diesen erstklassigen Job an. Aber was dann, wenn er lernt, daß in die Autos vorzeitig abgenutzte Teile eingebaut sind, daß die Hersteller weder an Reparaturen noch an der Reparierbarkeit des Wagens interessiert sind. Sie haben ein Gesetz durchbringen lassen, das von ihnen nur noch verlangt, Ersatzteile fünf statt zehn Jahre lang zu liefern. Die Reparatur neuer Autos ist oft kosmetischer und nicht mechanischer Natur; und die Reparaturen sind sinnlos teuer. ... Die Versicherungsprämien verdoppeln und verdreifachen sich deshalb für alte wie für neue Autos. Vorbei sind die Tage, als man die alten Autos gut in Schuß hielt — die künstlerische Arbeit eines stolzen Autoschlossers. Aber jedermann zahlt für Narreteien, denn tatsächlich sind die neuen Modelle nur unbedeutend besser; das Ganze ist eine Sache der Reklame.

Es ist schwierig für den jungen Mann, jetzt noch sein Selbstwertgefühl, seine Ungezwungenheit und Dienstfertigkeit zu wahren. Kaum überrascht es, wenn er bald zynisch und opportunistisch wird und sich allein dafür interessiert, rasch real Geld zu verdienen. So stellten ... Rechercheure (die mit einem abgeklemmten Spulendraht ankamen) fest, daß 63 Prozent der Mechaniker Reparaturen aufschrieben, die sie gar nicht ausgeführt hatten; und jene konnten von Glück sagen, wenn man ihnen nicht auch noch ihre neue Ölpumpe ausbaute und durch eine alte ersetzte. (65 Prozent der Radioreparaturwerkstätten, aber nur 49 Prozent der Uhrmacher ›logen, forderten zuviel Geld oder stellten eine falsche Diagnose‹.)

Es gibt eine Hypothese, die besagt, daß eine bedeutsame Disposition für Jugendkriminalität in der Kombination von geringer geistiger Intelligenz und hoher manueller Intelligenz liegt. ... Ein solcher Junge könnte sich gut um die nützliche Stellung eines Mechanikers bewerben. (Paul Goodman: Jobs für Jugendliche, in: Jugend in der modernen Gesellschaft, hg. von Ludwig von Friedeburg, Köln und Berlin 1965, S. 500 f.)

Dieser Text stammt aus Amerika, er steht in einem Kapitel des Buches »Growing up absurd« von Paul Goodman. Sicher verhält es sich in der Bundesrepublik im Prinzip nicht anders, vergleichbare Tests sind schon vor vielen Jahren von der Zeitschrift ›DM‹ gemacht worden: mit ganz ähnlichen Ergebnissen. Und gewiß wächst ein Jugendlicher in der Bundesrepublik heute nicht sehr viel weniger absurd auf als in Amerika. Die Grundthese des Buches von Paul Goodman, daß die moderne Industriegesellschaft im strengen Wortsinn absurd, pervers und unmoralisch ist, und daß es deshalb fast ein Wunder ist, wenn jemand in dieser Gesellschaft aufwächst, ohne dabei zynisch, verlogen oder schizophren zu werden — diese These läßt sich nahtlos auf unsere Verhältnisse übertragen. Auch bei uns bedürfte es schon einer moralischen Anstrengung, die die Kräfte eines einzelnen bei weitem übersteigt, um es mit der Unmoral dieses Systems aufzunehmen. Was einem einzelnen widerfährt, der auch nur partiell den Gehorsam verweigert, konnte man unter der Überschrift »Anständige Lehrlinge« in der ›Süddeutschen Zeitung‹ lesen:

»Das Bielefelder Arbeitsgericht hat die fristlose Entlassung eines 29jährigen verheirateten Lehrlings gutgeheißen, welcher, ein gelernter Maurer, sich zum Buchdrucker umschulen lassen wollte. Der Mann hatte sich geweigert, auch noch Sprudelwasser zu holen, nachdem er vorher schon mit der Verteilung von Putzlappen und Mülleimertransporten gut nebenbeschäftigt gewesen war. Besonders lesenswert ist die Begründung des Urteils: Die Versorgung der Belegschaft mit Getränken widerspreche nicht dem Ziel der Ausbildung, weil der Lehrherr berechtigt sei, den Lehrling zu anständigem Verhalten und zur Arbeitsamkeit anzuhalten; auch sollten dem Lehrling Einsichten vermittelt werden, die sich aus dem Zusammenleben der Betriebsgemeinschaft (?) ergäben.
Dieses Urteil und sein ›Keine-Herrenjahre-Tenor‹ gehören als Flugblatt verbreitet, denn es handelt sich um ein getreues Abbild deutscher Arbeitsplatzwirklichkeit, um die Fortsetzung der patriarchalischen Feudalstruktur des 19. Jahrhunderts, um den lebendigen Untertanengeist. Wer gehorsam Wasser holt, der also beweist, daß er arbeitsam ist, begreift die Betriebsgemeinschaft, ist anständig.« (In: ›Süddeutsche Zeitung‹, 15./16. März 1969, S. 4.)

Da ist sie wieder, die deutsche ›Anständigkeit‹, und es ist — wenn auch in einem relativ harmlosen Beispiel — die gleiche wie in den ersten Zitaten. Der Bericht läßt erkennen, für wie unanständig der Berichterstatter das Ansinnen solcher ›Anständigkeit‹ hält. Das in dem Richterspruch geforderte ›anständige Verhalten‹ heißt: Anpassung an die Herrschaftsstrukturen (und sei es nur an die innerbetriebliche Hierarchie einer kleinen Druckerei), heißt: Verinnerlichung der auferlegten oder angestrebten Rolle, heißt: nicht über die Rechtmäßigkeit des Systems und die Gerechtigkeit der Verhältnisse nachdenken.

Wer das dennoch tut und die Ergebnisse solchen Nachdenkens auch noch öffentlich äußert, verläßt damit die Gemeinschaft der ›Anständigen‹, er stellt sich außerhalb und darf deshalb kaum mit Nachsicht für sein Fehlverhalten rechnen. Vor allem dann nicht, wenn er seine abweichende Meinung in lauter, ungebührlicher Form vorträgt, Schilder und Plakate durch die Straßen trägt und mit Tomaten oder Eiern wirft. Der Lehrling, der sich weigert, Sprudel zu holen, wird fristlos entlassen, der Student, der zum Beispiel gegen den Staatsbesuch eines orientalischen Despoten demonstriert, wird von der Polizei zusammengeschlagen. Die Ereignisse des 2. Juni 1967 sind bekannt. Sie haben einer breiteren Öffentlichkeit die Augen geöffnet, nicht über die Zustände in Persien (was eine der Hauptabsichten jener Demonstrationen gewesen ist), wohl aber über den Zustand unserer Demokratie. Nicht so bekannt ist, was eine der größten Westberliner Zeitungen am Tage nach der blutigen Knüppelei vor der Deutschen Oper schrieb:

»Was gestern in Berlin geschah — es hat nichts mehr mit Politik zu tun. Das war kriminell. Das war kriminell in übelster Weise. Diese Leute können von der Bevölkerung kein Verständnis mehr erwarten. Sie sollen endlich erkennen, daß die Toleranz da ihre Grenzen hat, wo auch die geringste Form von Anstand und Sitte mißachtet wird. Zwischen politischem Protest und sinnloser Pöbelei ist ein himmelweiter Unterschied. Hysterie, Rabaukentum und Terror sind keine Ausdrucksformen der politischen Auseinandersetzung. Die Berliner haben keinen Sinn und kein Verständnis dafür, daß ihre Stadt zur Zirkusarena unreifer Ignoranten gemacht wird, die ihre Gegner mit Farbbeuteln und faulen Eiern bewerfen. Wer Anstand und Sitte provoziert, muß sich damit abfinden, von den Anständigen zur Ordnung gerufen zu werden. Die Anständigen in dieser Stadt aber sind jene Massen der Berliner, die Berlin aufgebaut und Berlins Wirtschaft angekurbelt haben. Ihnen gehört die Stadt, ihnen ganz allein!

Das sollten nicht zuletzt Berlins Gewerkschaften jetzt erkennen, die an der wirtschaftlichen Blüte der Stadt mitgeholfen haben. Sie sollten jetzt mithelfen, zu erhalten und zu schützen, was sie errichtet haben. Gemeinsam mit der Masse der Bevölkerung. Wer Terror produziert, muß Härte in Kauf nehmen.« (In: BZ, 3. Juni 1967.)

Auch dieser Text gehört in die Lesebücher der politischen Bildung. Er ist in mehrfacher Hinsicht bemerkenswert. Zum einen wird sehr deutlich ausgesprochen, »daß die Toleranz da ihre Grenzen hat«, das heißt, daß die Intoleranz und die Verfolgung da beginnt, wo »Anstand und Sitte« mißachtet werden. Der Regelverstoß gegen die Normen des gesitteten Betragens zieht unnachsichtige Bestrafung auf sich. Im Grenzfall — und der ist in Berlin eingetreten — werden gegen den, der die Normen der Höflichkeit verletzt, die Normen der Menschlichkeit aufgehoben. Wer seinerseits den Anstand nicht wahrt, wer schimpft und schreit, der hat jegliches Recht auf Anständigkeit, das heißt auf eine menschenwürdige Behandlung verloren, der darf zusammengeschlagen werden, auch wenn er sich gar nicht wehrt oder schon flieht. Das ist der erste bemerkenswerte Punkt dieses Artikels: die Durchbrechung des bürgerlichen Wohlverhaltens, die Verletzung der Anstandsregeln wird mit schonungsloser Verfolgung — tendenziell mit Progrom — geahndet.

Der zweite Punkt ist die Kriminalisierung der abweichenden Mienung, besonders wenn sie in einer ungewohnten, schockierenden Weise vorgetragen wird. Wer in dieser Demokratie einem kaiserlichen Gast nicht die gebührende Ehre erweist, sondern in anstandsverletzender Form gegen ihn demonstriert, der ist »ein sinnlos pöbelnder Rabauke«. Wer Farbbeutel und faule Eier wirft, der ist »kriminell in übelster Weise«. In der Konsequenz dieses Gedankens liegt übrigens auch die Bestrafung des Studenten Karl-Heinz Pawla, der aus Protest gegen das Verfahren seine Notdurft im Gerichtssaal verrichtete, mit 10 Monaten Gefängnis, — eine Strafe, die sonst für wirklich kriminelle Taten (und zwar für keine geringfügigen) verhängt wird (vgl. ›Der Spiegel‹, 21. Oktober 1968, S. 24).

Der dritte Punkt, der an dem zitierten Text bemerkenswert ist, ist die Definition der ›Anständigen‹ als der rechtmäßig Ortsansässigen — entsprechend könnte man die im Sinne dieses Textes ›Unanständigen‹ als diejenigen kennzeichnen, die eigentlich nicht hierher gehören. Eigentlich hierher gehörig und deshalb ›anständig‹ sind nur diejenigen, die ökonomische Leistungen für diese Stadt gebracht haben. »Ihnen gehört die Stadt, ihnen ganz allein!« Wer nicht arbeitet oder sonstwie wirtschaftlich produktiv ist, der hat auch kein Heimatrecht, ist allenfalls geduldet und verwirkt diese Duldung, sobald er die Anstandsnormen der Hierhergehörigen verletzt. Den dürfen die ›Anständigen‹ — das heißt die legitim Ortsansässigen — ›zur Ordnung‹ rufen: eine Aufforderung zur Selbstjustiz, die (wie man weiß) nicht ohne Echo blieb.

II.

Insgesamt wird man sagen dürfen, daß die Denkungsart, die sich in diesem Artikel ausdrückt, nicht sehr weit von der des alten SA-Mannes aus Horb am Neckar entfernt ist, mit dessen Leserbrief wir unsere Beispielsammlung begonnen hatten. Mit diesen Texten sollte gezeigt werden, in welchem sozialen Klima hier immer noch das paradoxe Geschäft der Anstandserziehung betrieben wird. Angesichts all jener härteren Unanständigkeiten halten die Anstandslehrer naiv und trotzig das Banner des guten Benehmens in die verpestete Landschaft. Daß auch dies keine böswillige Metapher, sondern eine Realität ist, daß unsere Gesellschaft sich bisher als unfähig erwiesen hat, die Probleme der Luftverschmutzung, der Wasserverseuchung, der Landzerstörung zu lösen, davon wurde noch gar nicht gesprochen. Auch nicht von den Schwierigkeiten einer vernünftigen und demokratischen Verkehrsplanung, die schon erst gar nicht begonnen wird, weil jedermann weiß, daß kein Politiker es mit der geballten Macht der Automobilindustrie und der Benzinkonzerne aufnehmen kann. Wenn das, was ist, zum Himmel stinkt — sei es aus den Fabrikschornsteinen der Großindustrie, sei es aus den Parteibüros oder Redaktionsstuben — dann hält man sich nicht einmal mehr die Nase zu, sondern nimmt es als das von Gott verhängte, naturbedingte Klima dieser Gegend hin — und unterweist die Jugend weiterhin in dem, was sein sollte: Anstand und Sitte.[4]

Politisch kann man das meiste von dem, was hierzulande unter dem Titel ›Anstandserziehung‹ angeboten wird, nur als Augenwischerei und Volksverdummung bezeichnen, ob es nun in Form von Büchern oder als direkte Belehrung erscheint. In den Tanzstunden werden die Jugendlichen der Mittelschichten mit den Einschüchterungsritualen vertraut gemacht, die die Oberschichten für alle die bereithalten, die sich etwa anschicken wollten, es ihnen — wenigstens im äußeren Umgang — gleichzutun. Die sozialen Vorurteile, die Ideologien und Typologien, die in all den Anstandsregeln stecken, werden nicht hinterfragt: wenn einer der zu Belehrenden das von sich aus täte, bewiese er vermutlich in den Augen der Anstandslehrer (der Richter, Offiziere, Oberstudienräte) nur, wie nötig er solche Unterweisung hat.

Aber es sind gewiß nicht allein die sozialen Schichtungen, die den Anstandslehrer in aller Regel zu einem Schönfärber machen, der gerade vermittels der Erziehung zum Anstand die Unanständigkeit des gesellschaftlichen Systems verdekken hilft. Denn das, was ich hier in verschiedenen Texten als Beleg für die Unanständigkeit der Gesellschaft zusammengetragen habe, ist mit dem Hinweis auf Sozialstruktur und Herrschaftsstruktur allein noch nicht erklärt. Die Problematik reicht noch sehr viel tiefer, bis in die Organisationsformen der technischen und ökonomischen Weltbewältigung, auf denen die gesamte Existenz der industriellen Gesellschaft beruht. In seinem Roman »Der Mann ohne Eigenschaften« läßt Robert Musil den Großindustriellen Arnheim in einem Gespräch mit dem Intellektuellen Ulrich das Wesen der Arbeitsteilung am Beispiel der Aktiengesellschaft erläutern:

»Überall, wo zwei solche Kräfte da sind, ein Auftraggeber auf der einen, eine Verwaltung auf der anderen Seite, entsteht von

selbst die Erscheinung, daß jedes mögliche Mehrungsmittel aus-
genutzt wird, ob es nun moralisch und schön ist oder nicht. Ich
sage wirklich ›von selbst‹, denn diese Erscheinung ist in hohem
Grade unabhängig vom Persönlichen. Der Auftraggeber kommt
nicht unmittelbar in Berührung mit der Ausführung, und die
Organe der Verwaltung sind dadurch gedeckt, daß sie nicht aus
persönlichen Gründen, sondern als Beamte handeln. Dieses Verhältnis finden Sie heute allenthalben und nicht nur im Geld-
wesen. Sie können versichert sein, daß unser Freund Tuzzi in
größter Gewissensruhe das Zeichen zu einem Krieg geben würde,
selbst wenn er persönlich nicht einen alten Hund totschießen
könnte, und ihren Freund Moosbrugger werden Tausende zum
Tode befördern, weil sie es bis auf drei nicht mit leiblicher Hand
zu tun brauchen! Durch diese zur Virtuosität ausgebildete ›In-
direktheit‹ wird heute das gute Gewissen jedes einzelnen wie
der ganzen Gesellschaft gesichert; der Knopf, auf den man
drückt, ist immer weiß und schön, und was am anderen Ende
der Leitung geschieht, geht andere Leute an, die für ihre Person
wieder nicht drücken. Finden Sie es abscheulich? So lassen wir
Tausende sterben oder vegetieren, bewegen Berge von Leid,
richten damit aber auch etwas aus! Ich möchte behaupten, daß
sich darin, in der Form der sozialen Arbeitsteilung, nichts anderes ausdrückt als die alte Zweiteilung des menschlichen Gewis-
sens in gebilligten Zweck und in Kauf genommene Mittel, wenn
auch in einer grandiosen und gefährlichen Weise.« (Robert Musil: Der Mann ohne Eigenschaften, 6. Aufl., Hamburg 1965, S.
638.)

Wenn man die Moral, die Doppel- oder Vielfach-Moral,
die aus diesem System der Arbeitsteilung hervorgeht, näher
betrachten wollte, so würde sich vermutlich zeigen, daß
sie jeweils auf bestimmte Funktionszusammenhänge bezogen ist und sich hütet, über diese hinaus zu denken. Man
kann aber auch eine sehr viel weitergehende Moral für
wünschenswert halten, die auch noch nach der Sittlichkeit
und Menschenwürdigkeit des jeweiligen Systems fragt.
Eine solche Moral scheint in dem zitierten Text der Spre-
cher (Arnheim) bei dem Zuhörer (Ulrich) zu vermuten,
wenn er fragt: »Finden Sie es abscheulich?«
Ähnlich wie mit der Moral verhält es sich mit den Anstandsregeln: die meisten sind ›systemimmanent‹ in bezug
auf eine bestimmte Gesellschaftsordnung, auf eine Klassen-
struktur, auf ein Rollensystem.

Aber nicht nur die Benimmregeln und die Moral sind fast immer im Sinne der Stabilisierung bestehender Verhältnisse ausgerichtet: schon die Sprache ist es, mit der die Menschen sich über dergleichen verständigen. Wie sehr der herrschende Sprachgebrauch der Sprachgebrauch der Herrschenden sein kann, hat Herbert Marcuse gezeigt, als er die Kategorie der Obszönität neu zu definieren versuchte:

»Diese Gesellschaft ist insofern obszön, als sie einen erstickenden Überfluß an Waren produziert und schamlos zur Schau stellt, während sie draußen ihre Opfer der Lebenschancen beraubt; obszön, weil sie sich und ihre Mülleimer vollstopft, während sie die kärglichen Nahrungsmittel in den Gebieten ihrer Aggression vergiftet und niederbrennt; obszön in den Worten und dem Lächeln ihrer Politiker und Unterhalter; in ihren Gebeten, ihrer Ignoranz und in der Weisheit ihrer gehüteten Intellektuellen. Obszönität ist ein moralischer Begriff aus dem Wortschatz des Establishments, das ihn mißbraucht, indem es ihn anwendet, und zwar nicht auf Ausdrucksformen seiner eigenen Moralität, sondern auf die einer anderen. Nicht das Bild einer nackten Frau, die ihre Schamhaare entblößt, ist obszön, sondern das eines Generals in vollem Wichs, der seine in einem Aggressionskrieg verdienten Orden zur Schau stellt; obszön ist nicht das Ritual der Hippies, sondern die Beteuerung eines hohen kirchlichen Würdenträgers, daß der Krieg um des Friedens willen nötig sei.« (Herbert Marcuse: Versuch über die Befreiung, Frankfurt 1969, edition suhrkamp, Band 329, S. 21 f.)

Wie sich zeigt, bedarf es bereits einer moralischen Anstrengung, um allein die herrschende Begrifflichkeit infrage zu stellen: da die sozialen Zustände und der Sprachgebrauch sich gegenseitig stützen, muß der, der den Zustand der Gesellschaft kritisiert, auch die Begriffe anfechten — ebenso wie der Sprachkritiker nicht bei der Kritik der Sprache stehen bleiben darf, sondern auch die sozialen Verhältnisse anzweifeln muß, die sich vermittels der Sprache reproduzieren und legitimieren.

III.

Man kann sich nach Kenntnisnahme all dieser Beispiele und Argumente nun fragen, ob es überhaupt noch einen

Sinn hat, zu Anstand und Anständigkeit zu erziehen, und wenn ja, auf welche Weise das geschehen solle. Darauf gibt es meiner Meinung nach drei mögliche Antworten:

1. Man kann tatsächlich darauf verzichten, weiterhin über Anstand und Anständigkeit, gutes Benehmen und sittliches Verhalten zu sprechen und Kinder oder Jugendliche weiterhin darin zu unterweisen. Vielmehr kann man alle Probleme des sozialen Umgangs unmittelbar aus der politischen Reflexion und dem spontanen Empfinden heraus zu lösen versuchen.

2. Man kann sich bemühen, einen Minimal-Katalog konkreter Anstandsregeln zu erarbeiten und zu diskutieren, die schlechthin jeder schlechthin jedem gegenüber einhalten sollte. In der Erörterung der Abweichungen und Ausnahmen wird man dann wieder auf die sozialen und politischen Widersprüche der Gesellschaft stoßen.

3. Man kann versuchen, Anstandserziehung als politische Erziehung zu betreiben. Diese Möglichkeit möchte ich etwas ausführlicher darstellen.

Anstandserziehung als politische Erziehung: das wäre eine Erziehung, deren Ziel mit Karl Marx darin bestünde, »alle Verhältnisse umzuwerfen, in denen der Mensch ein erniedrigtes, ein geknechtetes, ein verlassenes Wesen ist«. Alle Anstandserziehung, die nicht von diesem kategorischen Imperativ ausgeht, ist eine Erziehung zur Anpassung an die jeweils herrschenden Verhältnisse und damit zumeist eine Erziehung zur Komplizenschaft mit den Systemen der Unanständigkeit. Freilich wäre es Torheit zu meinen, mit Erziehung allein jene Verhältnisse ändern zu können. Was eine progressive Pädagogik in diesem Sektor leisten könnte, wäre zunächst nur dies:

a) Aufklärung über die sozialen und politischen Implikationen der hergebrachten Anstandsregeln; Ideologiekritik des Begriffsfeldes ›Anstand, Anständigkeit, Höflichkeit, Sittlichkeit‹ usw.; Analyse der bürgerlichen Moralvorstellungen und ihrer Entsprechungen in Reinlichkeitsvorschriften, Grußformeln usw.; Diskussion über Tabus, Rituale, Traditionen und ihren Stellenwert für die herrschende Moral, Frage nach den Nutznießern derselben. Das kann

zu dem führen, was Herbert Marcuse »Linguistische Therapie« nennt, das ist: »die Anstrengung, Wörter (und damit
Begriffe) von der nahezu totalen Entstellung ihres Sinns
zu befreien«. Also »die Überführung moralischer Maßstäbe
(und ihrer Inkraftsetzung) vom Establishment zur Revolte
gegen es« (Marcuse, Versuch über die Befreiung, S. 22).

b) Experimente mit gezielten und vorher reflektierten
Tabuverletzungen, Ritualdurchbrechungen usw.; Einübung
von Provokationen zur Entlarvung von Herrschaftsinteressen hinter Regeln und Ritualen; Erprobung von verschiedenen Methoden zur Bloßstellung faschistoider An-
standsapostel.[5]

c) Einübung der herrschenden Anstandsregeln und des gesamten Etikette-Kanons, um sie nach Bedarf und politischem Entschluß einhalten oder durchbrechen zu können.
Training im kalkulierten Wechsel von Anpassung und
Widerstand.

d) Versuche, in bestimmten Gemeinschaften Gegenmilieus
zu dem herrschenden Sozialklima zu schaffen. Erproben
neuer Lebens- und Umgangsformen in Wohngemeinschaften, Kommunen, Clubs und politischen Gruppen.

Mit diesem letzten Vorschlag ist der pädagogische Bereich
schon wieder überschritten, obwohl derartige Versuche gerade auch in Schulen und Jugendgruppen gemacht werden
könnten und sollten. Auch hier mündet die Erziehung —
wie überall, wo sie nicht als Dressur künftiger Untertanen
verstanden wird — in den Prozeß der gesellschaftlichen
Veränderung.

Wer aber keine Untertanen, keine angepaßten Konsumenten erziehen will, der kann unter den gegenwärtigen Bedingungen nur noch Partisanen erziehen, die die Veränderung innerhalb des Bestehenden vorantreiben. Dazu gehört
allerdings nicht nur die Vermittlung von Kenntnissen und
Fähigkeiten, sondern auch die emotionelle Stärkung des
Individuums. Wem das Selbstbewußtsein und die innere
Freiheit dazu fehlt, der wird sich auch bei bester Kenntnis
aller Anstandsregeln in einer kritischen Situation nicht
souverän verhalten können. Das Maß, in dem jemand sich
einschüchtern läßt, hängt nicht nur von seiner Sicherheit

oder Unsicherheit im gesellschaftlichen Umgang ab, sondern außerdem von ganz anderen, oft sehr verdeckten Faktoren, wie zum Beispiel von unterbewußten Onanie-Schuldgefühlen. Auch das gehört noch zum Thema der Anstandserziehung: über gewisse Dinge ›spricht man nicht‹, deshalb haben wir für viele sexuelle Vorgänge überhaupt keine brauchbaren Bezeichnungen, sondern nur vulgäre oder medizinische. Die Angst, die daraus resultiert, daß man das Tabuierte dennoch tut oder zu tun wünscht, färbt wiederum auf das soziale und politische Verhalten ab. Aus diesem Grunde sind autoritäre oder totalitäre Staaten stets an einer strengen Sexualmoral interessiert, der eine ebenso strenge Anstandserziehung entspricht, weil die letztere dafür sorgt, daß nach der ersteren gar nicht gefragt wird.

Über den Zustand unserer Gesellschaft wird nicht nur in den Aufsichtsräten, Parlamenten und Fernsehredaktionen entschieden, sondern auch in den Schulen und, nicht einmal zuletzt, in den Tanzschulen. Was dort und an anderen Stellen über Anstand und Sitte, über höfliches und menschenfreundliches Verhalten gelernt wird, das setzt sich oft sehr rasch in politisches Verhalten um und verändert oder bestätigt wiederum den Zustand der Gesellschaft.

Zu Optimismus ist allerdings vorläufig kein Anlaß. Selbst wenn es gelänge, die Schulen insgesamt zu Stätten der Aufklärung und der kritischen Reflexion, die Tanzschulen sogar zu dionysischen Zentren partieller Befreiung zu machen, wäre am Zustand dieser Gesellschaft noch sehr wenig geändert. »Denn die Verhältnisse, die sind nicht so«, sagt Bert Brecht, und: »was ist die Ausraubung einer Bank gegen den Besitz einer Bank«. Wer dennoch nicht resigniert (und auch der Wunsch, erst einmal alles in die Luft zu sprengen, wäre eine Art von Resignation), der kann die mühselige Arbeit der Veränderung überall beginnen, sogar in der Tanzstunde. Wenn es wahr ist, daß Demokratie nichts anderes als der unablässige Prozeß der Demokratisierung ist, dann gibt es in dieser Gesellschaft keine Tradition und keine Institution, die von diesem Prozeß verschont werden sollte.

1 Über den Zusammenhang von Reinlichkeitserziehung und politisch-moralischem Rigorismus vgl.:

a) Sigmund *Freud:* Charakter und Analerotik (1908), Gesammelte Werke, Band VII.

b) Karl *Abraham:* Ergänzungen zur Lehre vom Analcharakter, in: ders.: Psychoanalytische Studien zur Charakterbildung, Frankfurt 1969, S. 184-205 (Reihe Conditio Humana).

c) Erich *Fromm:* Die psychoanalytische Charakterologie und ihre Bedeutung für die Sozialpsychologie, in: Zeitschrift für Sozialforschung, Jg. I, 1932, S. 253-277 (auch als Raubdruck erhältlich).

d) Norman O. *Brown:* Zukunft im Zeichen des Eros, Pfullingen 1962.

e) Christian *Enzensberger:* Größerer Versuch über den Schmutz, München 1968.

f) Reimut *Reiche:* Sexualität und Klassenkampf, Frankfurt 1968, besonders S. 35 ff.

2 Vgl. dazu: Georg W. *Alsheimer:* Amerikaner in Vietnam (3. Schädlingsbekämpfung und Sauberkeit), in: Das Argument, Heft 36, Februar 1966, S. 27-32.

ferner: Friedrich *Tomberg:* Kafkas Tiere und die bürgerliche Gesellschaft, in: Das Argument, Heft 28, S. 1-13.

3 Vgl. dazu: Einfach Disziplin, in: ›Der Spiegel‹, 2. Februar 1970, S. 57 (Bericht über den Fall des Fernmeldetechnikers Hans-Jürgen Moser, der sich geweigert hatte, Abhörleitungen für den Verfassungsschutz zu schalten und daraufhin von der Bundespost entlassen wurde).

4 Das muß nicht unbedingt so bleiben, wenn erst einmal eine größere Gruppe von Menschen für diese Problematik sensibilisiert ist: »Der radikale gesellschaftliche Gehalt der ästhetischen Bedürfnisse wird offenkundig, wenn das Verlangen nach ihrer elementarsten Befriedigung in eine Gruppenaktion größeren Ausmaßes übersetzt wird. Vom harmlosen Anstoß zur besseren Planung von Wohnbezirken und dem Wunsch nach Schutz vor Lärm und Unrat bis zu dem Drängen auf Absperrung ganzer Stadtteile für Automobile, auf Entkommerzialisierung der Natur, auf vollständigen städtischen Umbau und auf Geburtenkontrolle — solche Aktionen nehmen gegenüber den Institutionen des Kapitalismus und ihrer Moral mehr und mehr umstürzlerischen Charakter an« (Herbert *Marcuse:* Versuch über die Befreiung, Frankfurt 1969, S. 48 f.). In Nordamerika scheint es an einigen Stellen bereits so weit zu sein: vgl. dazu:

a) The Ravaged Environment, in: Newsweek, 26. Januar 1970, S. 24-45.

b) Ecology: A Cause Becomes a Mass Movement, in: Life, 16. Februar 1970, S. 12-20.

5 Vgl. dazu: Hartwig *Heine:* Tabuverletzung als Mittel politischer Veränderung, in: Das Ende der Höflichkeit, S. 115 ff.

ferner: Die Linke antwortet Jürgen Habermas, Frankfurt 1968.

C. Wolfgang Müller
Das Elend unserer Anstandserziehung

Sicher: man kann die mühselige Arbeit der gesellschaftlichen Veränderung überall beginnen — sogar in der Tanzstunde. Aber lohnt es sich, in den Tanzschulen zu beginnen, solange unsere öffentlichen Schulen so sind, wie sie
sind? Und lohnt die Reform unseres öffentlichen Schul-
wesens, solange unser Bildungssystem nicht gesellschaftlich
bedeutsame Erkenntnisse vermittelt, sondern soziale Chan-
cen verteilt? Besteht nicht die Aufgabe, unsere Gesellschaft
zu vermenschlichen, vor allem darin, daß wir lernen, Prio-
ritäten zu setzen und strategische Ziele zu formulieren?
Welchen Stellenwert haben Anstands-, Höflichkeits- und
Benimm-Erziehung in diesem strategischen Konzept? Gibt
es nicht Zeiten, in denen die Beschäftigung mit den sogenannten ›guten Manieren‹ als unzeitgemäßer Luxus angesehen werden kann, ja muß? Hat nicht die Diskussion
über eine Vermenschlichung des Verhaltens, das wir ›höflich‹ nennen, zu warten, bis wir die Bedingungen hergestellt haben, unter denen es Menschen leichter fällt als
heute, höflich miteinander umzugehen?
Diese Fragen wären alle berechtigt, wenn wir uns in einer
Situation befänden, in der es tatsächlich die Alternative
gäbe, entweder zu diskutieren, wie man mit Bankdirek-
toren umgeht oder zu diskutieren, wie man Banken ver-
staatlicht. Und wie man den Staat vergesellschaftet. Aber
diese Alternative ist, soweit ich sehen kann, nicht konkret.
Sie ist Wunschdenken, und insofern ist sie real, aber sie ist
nicht konkret. Die Mehrheit der Bevölkerung in unserem

Land — auch die Mehrheit der jungen Generation in unserem Land — wartet noch auf den Beweis dafür, daß es wirklich notwendig ist, unsere Gesellschaft nicht nur weiterzuentwickeln, sondern tatsächlich zu verändern. Die Mehrheit der Bevölkerung wartet darauf, Einblick zu nehmen in ihre tatsächliche Lage. *Eine* Möglichkeit dazu — das ist meine These — bietet das Studium unserer zeitgenössischen Anstandsliteratur an.

Eine Vielfalt von Institutionen häkelt jene Verhaltensmuster junger Leute, die von der Mehrheit der Erwachsenen mehr oder weniger überlegt als sozial wünschenswert angesehen werden: die Familie, die Kirche, die Schule, die Jugendverbände, die Tanzschule, die Bundeswehr, die Fahrschule, die Jugendpflege. Jede dieser Institutionen hat ihr eigenes Interesse, das Verhalten junger Leute so zu konditionieren, daß es sich möglichst konfliktlos in den vorgegebenen Rahmen ihrer je partikularen Zielsetzung einpaßt. Die Schule beispielsweise bemüht sich um »die Übung des sozialen Verhaltens ... und trägt wesentlich dazu bei, daß ihre Schüler einmal in die größeren Lebensgemeinschaften — Familie, Volk, Menschheit — verantwortungsbewußt hineinwachsen und vom Geiste der Demokratie erfüllte Träger der staatlichen Ordnung werden.«[1] Die Tanzschule hingegen fühlte sich seit Gottfried Taubert (1717) weniger für die gesellschaftlich-politischen denn für die gesellig kommunikativen Tugenden junger Leute verantwortlich. Ihr ging und geht es nicht primär um die artistische Beherrschung des Körpers, sondern um die funktionale Beherrschung der Spielregeln, nach denen in der für relevant gehaltenen galanten Welt Menschen mit Menschen verkehren sollten.

Die Trennung in gesellschaftlich-politisches und geselligzwischenmenschliches Verhalten ist im wesentlichen ein Produkt der Emanzipation des deutschen Bürgertums auf dem Gebiet wirtschaftlicher Machtentfaltung bei gleichzeitiger Verkümmerung seines Machtwillens und damit gleichzeitig seines politischen Anspruchsniveaus. Diese historische Entwicklung kann man sicherlich nicht dadurch rückgängig machen, daß ein paar Pädagogen beschließen, künftig Sozialerziehung und Anstandserziehung als Einheit zu begreifen und zu behandeln. Dennoch kann es unter bestimmten Umständen heilsam sein, Inhalte und Methoden der sogenannten Anstandserziehung auf ihre gesellschaftlich-politischen Funktionen zu untersuchen und zu bewerten. Dabei wird es hilfreich sein, sich zu erinnern, daß der vielzitierte, sprichwörtliche Altvater der Anstandserziehung, Adolph Freiherr Knigge (1788), alles andere im Sinn hatte, als einen Führer für den Umgang mit Fisch und Frack zu schreiben. Knigge war ein (bürgerlich) revolutionärer deutscher Aristokrat, der 1795 von den Engländern in Bremen wegen seiner Sympathie für die Französische Revolution verhaftet wurde. Mit seinen Reflexionen »Über den Umgang mit Menschen« wollte er dazu beitragen, »die Errungenschaften der Französischen Revolution gegen die reaktionären Kreise des damaligen Deutschlands« zu verteidigen.[2] Joachim G. Leithäuser — übrigens einer der wenigen Benimmbuch-Autoren, dem es gelingt, die Beziehungen zwischen Anstand und Politik zu verdeutlichen — schließt daraus: »Offenbar sind Anstandsbücher — und wer nachdenkt, wird bald merken, warum — eine hochpolitische Angelegenheit.«

Menschen kommen nicht als Menschen auf die Welt. Sie werden es erst im langwierigen Prozeß ihrer Sozialisierung durch Lernen. Dieses Lernen ist darauf gerichtet, den einzelnen mit einem Instrumentarium von Fertigkeiten zu versorgen, durch die er sich an seine Umwelt und seine Umwelt an sich anzupassen vermag. Zu diesem Instrumentarium gehören die Kulturtechniken (Lesen, Schreiben, Rechnen) ebenso wie die Sozialtechniken des Umgangs mit Menschen und menschlichen Institutionen. Die Begriffs-Kategorie, welche die zeitgenössischen Gesellschaftswissenschaften zur Verfügung gestellt haben, um die Schaltstelle zwischen Individuum und Sozietät zu markieren, ist die Kategorie der sozialen Rolle.[3] Soziale Rollen sind ein begriffliches Artefakt zur Kennzeichnung des Insgesamts an Rollenerwartungen, welche Umwelt und Gesellschaft dem Träger bestimmter sozialer Funktionen (unabhängig von seiner Person) ansinnen. Nicht *der* Mensch wird erzogen, sondern ein Kind wird zum Mädchen erzogen, ein Junge zum Arbeiter, ein Student zum Lehrer, ein Mann zum Soldaten. Soziale Erwartungen werden dem Individuum gegenüber mit dem Instrumentarium der sozialen Kontrolle (Belohnungen und Bestrafungen) durchgesetzt. Meine These lautet: Die Regeln der Anstandserziehung sind Teil der Erziehung zu bestimmten sozialen Rollen, und meine erste Frage an die zeitgenössische Anstandserziehung lautet: Sind sich ihre Vertreter der Funktion sogenannter guter Umgangsformen als Instrument sozialer Rollenerziehung bewußt, und betonen sie die Abhängigkeit dieser Umgangsformen von gesellschaftlichen Umständen und ihre Veränderbarkeit?

Die summarische Antwort lautet ›nein‹. Die meisten der mir zugänglichen zeitgenössischen Anstandsbücher statten die von ihnen vertretenen Normen mit der Dignität überzeitlicher, schichtenunspezifischer, ja ewiger Werte aus. Ähnlich wie in der zeitgenössischen Sexualerziehung verschleiern sie dort, wo sie enthüllen sollten. Ein besonders gutes Beispiel für meine summarische Wertung ist das vielzitierte Buch von Karlheinz Graudenz und Erica Pappritz: »Etikette neu« (München [9]1967), das auch in der vorliegenden Überarbeitung eines der dümmsten und gefährlichsten Bücher bleibt, die man jungen Leuten in die Hand drücken kann.

Die beliebtesten Vokabeln der beiden Autoren sind *Herz, Instinkt* und *Natur*. »Frauen sind von Natur aus anschmiegsam«;[4] »mütterlicher Instinkt gestaltet den späteren Lebensweg des jungen Mädchens«,[5] »die aus natürlicher Zurückhaltung geborene mangelnde Erfahrung mit Männern ... (ist) heute wie einst wertvollstes Kapital eines jungen Mädchens«.[6] Müttern, die dieser natürlichen Zurückhaltung ihrer Töchter mißtrauen, wird zugerufen: »Haltet eure Töchter mit der starken Kraft des mütterlichen Herzens unter Kontrolle ...«[7] Und wenn Pappritz und Graudenz nicht weiter wissen, dann appellieren sie einfach an das »Gesunde« in ihren Lesern, an die »gesunde Überlegung, ... daß der Gesellschaftstanz nicht nur den

Tanzenden Freude, sondern auch den Zuschauern einen erträglichen Anblick bieten sollte«,[8] an die »gesunde Distanz«, die mit dem »Du« aufgegeben werde.[9] Diese Art von Gesundheit ist das Bindeglied zwischen Mensch und Natur, und aus der Natur einer Sache werden alle jene Konflikte erklärt, die man zu akzeptieren sich entschlossen hat: »Junger Wein will gären« und »junge Pferde scheuen leicht«.[10] Inbegriff des *Gesunden* und *Natürlichen* im Menschen ist das *Herz*. Dieses Herz, weil es als natürliches Organ gesellschaftlichen Einflüssen entzogen ist, stellt bei Pappritz und anderen den großen Moderator zwischen der Realität menschlicher Konflikte und der Idealität gesellschaftlicher Harmonie vor. »Etikette, recht verstanden, (ist) eine Frage des Herzens«, denn »um Harmonie mit der Umwelt, dem Nachbarn, dem Mitmenschen, wird sich jeder einzelne täglich und stündlich selbst bemühen müssen«,[11] jeder einzelne, das heißt, der Generaldirektor ebenso wie der Arbeitsmann. Gutes Benehmen kann »in der bescheidenen Umgebung eines einfachen, mit der ehrlichen Arbeit der Hände täglich neu erkämpften Lebensraumes ... echtes Bedürfnis sein. Geboren aus dem natürlichen Drang des Herzens nach einer Kultivierung des Alltags, nach einer beglückenden Verfeinerung der menschlichen Beziehungen.«[12]

In einem solchen Bild vom herzlichen Menschen ist natürlich der Verstand ein ärgerlicher Fremdkörper. Der mag deshalb »unser Verhalten zur Umwelt überwachen — diktieren sollte es das Herz«.[13] Die Ablehnung des Verstandes als kritischer Kontrollinstanz wird von einem anderen Benimm-Autor, Hans-Otto Meissner, zum opportunistischen Prinzip erhoben: »Es ist müßig und führt zu gar nichts, wollte man sich stets überlegen, warum das eine gerade so und das andere nicht anders gemacht wird.« Warum ist es müßig und führt zu gar nichts? Weil »dem Zeitgenossen ja auch sonst nichts anderes übrig (bleibt), als sich der Zeit, in die hinein er geboren wurde, vollgültig anzupassen«.[14] Und durch wen wird man in die Zeit hineingeboren? Durch das Leben. Das Leben ist offensichtlich die oberste Instanz der Positions- und Statuszuweisung.

Nach Pappritz und Graudenz beispielsweise hat das Leben jedem »*seinen* Aufgabenkreis zugewiesen, den er mit den ihm eigenen Fähigkeiten ausfüllt«.[15] Darum braucht man auch keine Angst vor »hochmögenden Leuten« zu haben. Auch sie sind Menschen. »Das Leben hat sie nur auf andere Plätze gestellt als uns«.[16] Menschen, die das Leben auf besonders verantwortungsvolle Plätze gestellt hat, zeichnen sich in der Benimm-Literatur durch einen tiefen Ernst aus. Eltern beispielsweise unterschätzen häufig »den tiefen Ernst, mit dem der überaus größte Teil der Erzieher seinem Beruf nachgeht«.[17] Auch kirchliche Würdenträger erkennt man in der Regel an dem »tiefe(n) Ernst, mit dem sie sich dem ausschließlichen Dienst an der Kirche verschrieben haben«.[18] Dieser tiefe Ernst ist, Pappritz und Graudenz sagten es schon, eine Folge der großen Verantwortung der Kirche für unsere abendländische Kultur, die »auf dem Fundament des Christentums steht, einem Fundament, das unweigerlich untergraben wird, wenn eine Entwicklung wie die gegenwärtige in gleichem Maße fortschreitet. Sie muß zwangsläufig über kurz oder lang ein Gefüge erschüttern, das die Menschheit westlicher Denkungsart in ihrem kulturellen Wachstum als das einzig Wahre und Gottgewollte erkannt hat«.[19] Damit ist der Zusammenhang zwischen dem Menschen und der Gesellschaft klar. Nicht das Leben vermittelt ihn, sondern Gott. Unklar bleibt nur noch, welche Entwicklung wohl gemeint sein mag, die das Fundament des Christentums unweigerlich untergraben wird? Der Leser vermag es nur aus anderen Äußerungen von Pappritz und Graudenz zu erahnen. Etwa aus der Passage, daß »die Nachkriegsjahre mit erschreckender Deutlichkeit bewiesen (haben), wohin die Jugend gerät, wenn die gütig führende Hand fehlt«.[20] Warum eigentlich gerade die Nachkriegsjahre? Doch offensichtlich darum, weil die beiden Autoren das Walten einer gütig führenden Hand in den Vorkriegs- und Kriegsjahren nicht zu vermissen brauchten. Und die »verantwortungsbewußten kirchlichen und weltlichen Kreise«, die heute am Wiederaufbau dessen arbeiten, »was auf dem Gebiete familiärer, ethischer und moralischer Werte zusammenstürzte«?[21]

Wäre es allzu vermessen, an die beiden Autoren die Frage zu richten, in welchem Jahre ihre Werte zusammenstürzten: 1914 oder 1918, 1933 oder 1945? Es wäre sicherlich unfair, Erica Pappritz mangelnde antifaschistische Haltung anzusinnen. Die zitierten Passagen konnten dies zwar nahelegen; aber sie war nach eigener Bekundung keine Freundin des »Dritten Reiches«. Schon aus Etikette-Gründen nicht. »Es war zum Beispiel eine Taktlosigkeit sondergleichen, als seinerzeit von Ribbentrop in England mit ›Heil Hitler!‹ grüßte. So etwas tut man nicht.«[22]

Im übrigen halten sich Pappritz und Graudenz (ebenso wie die meisten anderen Höflichkeits-Autoren) aus der Politik oder aus dem, was sie dafür halten, heraus. Politik im gesellig-gesellschaftlichen Rahmen führt offenbar zu nichts. Oder besser: »Sie ist ein außerordentlich gefährlicher Explosivstoff der Unterhaltung. ... Ihn sollte jeder geschickte Gastgeber bereits im Keime ersticken, selbstverständlich mit liebenswürdiger Eleganz.«[23] Der einzige Autor, der im Zusammenhang der Anstandserziehung von Politik spricht, etwa von der »verspäteten Nation der Deutschen«, »vom Antisemitismus als nicht mehr zu steigerndem Ausdruck gesellschaftlicher Intoleranz gegenüber Minoritäten und Fremdgruppen«, der auch einmal Namen wie Marx und Marcuse fallenläßt, ist der schon erwähnte Joachim G. Leithäuser. Nur bei ihm finde ich den Hinweis darauf, daß Höflichkeitserziehung nicht durch die Anpassung des einzelnen an die gegebenen Verhältnisse erschöpft wird, sondern daß sich der einzelne bemühen solle, »durch Zusammenarbeit mit Gleichgesinnten die Umgebung und die Verhältnisse aktiv zu gestalten *(aktive Anpassung)*.«[24]

Die von mir herangezogenen Autoren erkennen — bis auf Leithäuser — offensichtlich nicht die historisch und klassenspezifisch geprägte Funktion der Anstandserziehung als Sozialerziehung, sie halten vielmehr für »natürlich«, »gesund«, »ewig« und »aus dem Herzen kommend«, was als höfisches Zeremoniell begann und im Laufe des 18. und 19. Jahrhunderts von den großbürgerlichen und später den aufstiegswilligen kleinbürgerlichen Mittelschichten assimiliert wurde. Sie machen den alten Fehler aller bewußtlosen Ideologen und nehmen als »gegeben« hin, was sie als »gemacht« hätten interpretieren können, sie bestätigen durch ihr Vorgehen René König, der im Blick auf die Mode schreibt, das bürgerliche Klassensystem des 19. Jahrhunderts habe sich, »wie man heute weiß, in viel höherem Maße, als man früher annahm, von Überbleibseln des alten ständischen Systems (genährt), selbst wenn dies nicht auf den ersten Blick sichtbar sein sollte«.[25]

Auch diese Erkenntnis wird von den meisten Benimm-Büchern verschleiert. Besser (weil nicht jegliche Dummheit von den Herrschenden als Waffe im Klassenkampf von oben geschmiedet wurde): sie ist ihren Autoren nicht geläufig. Der Anspruch, daß der sogenannte gute Ton für alle Menschen zu gelten habe, ist ja gerade das Hauptargument dieser Autoren. Karlheinz Graudenz und Erica Pappritz waren in diesem Zusammenhang schon erwähnt worden. Aber selbst ein vergleichsweise bemühtes Benimm-Buch wie das des Fachausschusses für Umgangsformen des Allgemeinen Deutschen Tanzlehrerverbandes wird nicht müde zu betonen, der gesellschaftliche Unterricht sei »kein Anliegen der ›Gesellschaft‹ im Sinne von ›Aristokratie‹, sondern der menschlichen Gesellschaft schlechthin, für arm und reich. ›Hoch‹ und ›niedrig‹ lassen sich nur einstufen in ›hochanständige‹ und ›niedrige‹ Gesinnung«.[26]
Diesem Postulat muß entgegengehalten werden, daß der herrschaftliche Charakter unserer Anstandserziehung gerade darin besteht, daß verbindlich für alle gemacht wird, was der Aufrechterhaltung partikularer Interessen dient. Gerade im Anspruch auf Allgemeingültigkeit liegt der Schlüssel zum Verständnis gesellschaftlichen Interesses. Um diese Vermutung zu verdeutlichen, sollen die durch unsere Anstandserziehung kommunizierten Rollenerwartungen in drei komplementären Bereichen aufgesucht und interpretiert werden: (1) im Bereich von Oben und Unten, (2) im Bereich von Jung und Alt, (3) im Bereich von Mann und Frau.

I.

Die Menschen haben seit langem ein beachtliches Maß von Intelligenz und Energie investiert, um Gründe und Zeichen dafür zu erfinden, daß Menschen nicht gleich sind. So, wie es eine wichtige Funktion der Uniform ist, »die Distanz zwischen oben und unten zu verdeutlichen«,[27] so ist eine wichtige Funktion der Etikette, die Distanz zwischen oben und unten im Bewußtsein zu halten. Hans-Otto Meissner faßt es mit militärischer Kürze so zusammen: »Alter vor Jugend, Dame vor Herrn, Vorgesetzter vor Untergebenem, Gast vor Gastgeber, Fremder vor Familienangehörigem, Ausländer vor Inländer.«[28] Die meisten Benimm-Autoren verwenden auf kein anderes Thema so viel Mühe und Druckerschwärze wie auf die Umsetzung dieses Prinzips in gesellschaftlich akzeptiertes Handeln. Pappritz und Graudenz lassen auf 26 Seiten Staatssekretäre mit Professoren, Staatssekretärinnen mit unverheirateten Ärzten, Akademikerfrauen mit rechtschaffenen Tischlermeistern korrespondieren,[29] um die Maxime zu verdeutlichen: »Es hüte sich ein jeder, den brieflichen Verkehrston vorzeitig vertraulicher zu gestalten, ehe ihn der ältere oder ›höhere‹ Briefpartner nicht dazu ermuntert hat.«[30] Weitere 20 Seiten werden in Anspruch genommen, das an mittelalterliche Rituale gemahnende Zeremoniell der offiziellen Pflichtbesuche und der dazu benötigten Visitenkarten zu beschreiben.[31] Die Beschreibung der deutschen und der internationalen Tischordnung nimmt weitere 7 Seiten in Anspruch. Es wäre langweilig, hier auch noch auf das zur Ergänzung notwendige Zeremoniell des Grüßens, des Vorstellens und des Zuerst-durch-die-Tür-Gehens hinzuweisen. Lediglich ein Punkt scheint mir von besonderem Interesse zu sein: Obwohl alle Benimm-Bücher Geschlecht, Alter und soziale Position grundsätzlich gleichberechtigt nebeneinander stellen, haben »hohe Chefs ... natürlich grundsätzlich Anspruch darauf, von ihren Angestellten auch auf der Straße zuerst gegrüßt zu werden.«[32]
Hellhörig geworden, fragt man, ob denn möglicherweise im Betrieb und Büro ganz allgemein andere Grundsätze

gelten als im Freizeitbereich. So ist es in der Tat. Auch hier wieder führen Pappritz und Graudenz die ideologische Speerspitze des christlich-kapitalistischen Abendlandes gegen den Feind. »Wirtschaftsführern, die in leitender Stellung stehen, maßgeblichen Anteil am wirtschaftlichen Geschehen haben, für Tausende von Angestellten und Arbeitern verantwortlich ... sind, ... schulden (wir) ... selbstverständlich gebührende Achtung und werden sie nur mit dem üblichen ›Herr Direktor‹ oder gar ›Herr Generaldirektor‹ titulieren.«[33] Böse wird es, wenn sich ein sehr gut verdienender Industriemanager (der aber dummerweise keinen Doktortitel besitzt) mit einem blutjungen Assistenzarzt unterhält. Dann — so meint Erica Pappritz — sei es sehr gut denkbar, »daß der Abteilungsleiter, der als wohlerzogener Mann um den Doktortitel des Jüngeren nicht herumkommt, seinerseits das ›Herr‹ wegläßt, einfach ›Doktor‹ sagt und damit die Jugend des anderen ebenso dezent andeutet wie die Höhe des eigenen Einkommens«.[34] So ist das. Auch der an sich vernünftige und nicht antiaufklärerische Joachim G. Leithäuser scheitert an der Betriebsfrage gänzlich. Er bietet allen Ernstes das amerikanische Prinzip des innerbetrieblichen Produktionskampfes als gutes Beispiel der Betriebs- und Menschenführung an.[35] Hubert Miketta faßt die Möglichkeit ins Auge, daß im Beruf »eine Frau dem Vorgesetzten ruhig in den Mantel helfen (kann), während sie das sonst natürlich nicht tut«.[36] Miketta liefert überhaupt eine dankenswert eindeutige, kapitalistische Unternehmerideologie. »Mitarbeiter einer großen Firma oder eines Beamtenstabes sollten nie vergessen, daß sie nur ein Rädchen in der großen Maschinerie sind, das aber gehen muß, wenn die Maschine nicht schadhaft werden soll.«[37] Insbesondere bei Betriebsfesten fühlt sich jeder »als Mitglied einer großen Familie, die für einen Tag unbefangen fröhlich sein will«.[38] »Hier fallen die Unterschiede zwischen Vorgesetzten und Untergebenen. Man sieht, daß der gestrenge Herr Abteilungsleiter im privaten Leben auch nur ein Mensch ist, (und) der Chef tanzt mit der unscheinbaren kleinen Angestellten aus der Vertriebsabteilung.«[39] Diese innerbetriebliche Harmonie entfaltet sich allerdings nur, wenn sich jeder Angestellte darüber im klaren ist, »daß der Chef viel mehr arbeitet als er selbst. ... Auf seinen Schultern ruht die Last der Verantwortung für den ganzen Betrieb.«[40] Nicht einmal im Bett hat der Arme Ruhe, denn »der Denkapparat arbeitet auch nachts hartnäckig weiter und läßt das Hirn nicht zur Ruhe kommen«.[41] Bedauernswerte Ehefrau. Sie muß so vieles vermissen, während die Arbeiter mit den Sekretärinnen in Bars den schwerverdienten Gewinn des Chefs verprassen.

Auch Ruth Andreas-Friedrich, die kultivierte Dame, hält unnachgiebig an der Regel fest, daß im Betrieb »nicht die Beziehung der Dame zum Herrn (gilt), sondern der Angestellten zum Vorgesetzten«.[42] Sie ist jedoch, anders als Miketta, nicht vollständig von der Unfehlbarkeit ihrer Chefs überzeugt. Trotzdem rät sie ihren jungen Leserinnen: »Selbst wenn man weiß, daß er (der Chef) unrecht hat, ist es klüger, die Sache stillschweigend richtig zu machen und ihm nachher das Gefühl zu geben, er selbst sei es gewesen, der alles so weise und umsichtig angeordnet habe.«[43] Merkt man jetzt, warum die Autoren unserer Anstandsbücher so großen Wert darauf legen, ihre Regeln geltend für alle zu machen? Weil diese Regeln nur einigen nützen.

II.

Wo lernt man alle diese feinen Tugenden der Anpassung und der Unterordnung, der Disziplinierung und des stummen Gehorsams? In der Schule. Diese Schule ist nach Baron von Wittken-Jungnik »der allererste Beruf, den der Mensch hat. ... Hier muß er seinen Lehrern mit respektvollem Gehorsam begegnen, wie dies später gegenüber den Vorgesetzten der Fall sein wird. Hier lernt er immer dazu, muß seine Pflichten erfüllen und wird nach Leistung bewertet, genauso, wie es später sein wird, wenn er einen Posten versieht.«[44] Der Baron hat eine sehr dezidierte Vorstellung von der Schule, die er möglicherweise der Schule der Nation entlehnt, möglicherweise aber auch ererbt hat.

Für ihn ist der Lehrer Vorgesetzter der Schüler. »Es versteht sich — und wird vom ersten Schultag an gelehrt —, daß man dem Lehrer gegenüber Gehorsam walten lassen muß. ... Wenn er (der Schüler) ... mancherlei einstecken muß, was ihm absurd oder gar ungerecht erscheint, dann schadet ihm das nicht, denn es trägt zu seinem inneren Reifungsprozeß bei.«[45] Aber auch außerhalb dieses von Baron von Wittken-Jungnik als Schule mißverstandenen Zuchthauses haben es die Jüngeren in unserer sogenannten Leistungsgesellschaft nicht leicht. Nach Erica Pappritz spricht »die junge unverheiratete Dame ... die ältere verheiratete mit ›Gnädige Frau‹ an. Auch bei verheirateten Frauen wird die wesentlich jüngere die andere ›Gnädige Frau‹ nennen.«[46] Außerdem, obwohl der Handkuß eigentlich für die Begrüßung verheirateter Damen durch Herren in geschlossenen Räumen reserviert ist, schadet es jungen Damen nichts, »wenn sie sich ebenfalls über die Hand einer mütterlichen Freundin beugen, die ihnen ein halbes Jahrhundert an Alter und Erfahrung voraus hat.«[47] Selbst Kindern bleibt der Handkuß nicht erspart. Manche Eltern legen nach Ruth Andreas-Friedrich Wert darauf, »daß ihre Kinder Gäste des Hauses mit einem Handkuß begrüßen. Das wirkt stets nett und wohlerzogen.«[48] Wen wundert's noch, daß sich Kinder heutzutage mit Sprengstoff für den Generationenkonflikt rüsten?

III.

Nach den bisherigen Kostproben aus der Wunderwelt der zeitgemäßen Höflichkeit wird es niemanden wundern, daß auch in dem Rollenbereich von Mann und Frau die alte Leier von männlichem Geist und weiblichem Gefühl heruntergedreht wird. Das Herrenzimmer als »Stätte hohen männlichen Gedankenfluges hat (seine) eigenen Gesetze«, und »Männer müssen so sein. Niemand wird uns ändern.«[49] Dafür haben Männer normalerweise in der Küche nichts zu suchen,[50] denn Gerechtigkeit muß sein. Frauen haben den Männern die Gabe voraus, »zu sorgen, zu betreuen, Gemütlichkeit zu schaffen, Ordnung zu halten — das ist ihre naturgegebene Stärke«.[51] Deshalb sehnen sich auch die meisten Mädchen »nach einem Ehepartner, weil sie in der Ehe die Erfüllung dessen sehen, wovon sie träumen: die Möglichkeit, eine Familie selbst umsorgen zu können . . .«.[52] Immerhin sieht Frau Pappritz ihre holden Geschlechtsgenossinnen nicht ausschließlich mit idealistisch leuchtenden Kulleraugen an. Sie weiß vielmehr, daß der gute Ruf eines Mädchens bares Geld ist, »das Kapital, das vielleicht gerade dann unersetzlich ist, wenn der Mann auftaucht, an dessen Seite man den Rest des Lebens in legitimer Gemeinschaft zurücklegen möchte«.[53] Frauen können dieses ihr Kapital besonders deshalb leicht zu Bargeld machen, weil sie »von Natur aus anschmiegsam (sind). Und so wollen sie sich ganz in den schützenden Mantel unserer Herrlichkeit begeben, sich darin geborgen fühlen dürfen. Für diesen Schutz liefern sie uns den Gegenwert: ihr immerwährendes Fürunsdasein, ihre unermüdliche Sorge, ihre stete Bereitschaft zur Harmonie . . .«.[54] Ich kann mir nicht helfen, ich finde das ekelerregend.

Natürlich ist auch zu den Benimm-Autoren das Gerücht von der beruflichen Emanzipation der Frau gedrungen. Miketta schaut diesem Phänomen kühn und gelassen ins Gesicht und findet es sogar recht possierlich, daß die Frau nach 1918 »siegreich, zugleich mit der Schreibmaschine bis ins Chefbüro vor(rückte)«.[55] Welch ein weiter Weg vom Waschtrog bis zur Schreibmaschine. Welch ein Sieg. Es liegt auf der Hand, daß jene herzigen Wesen, die uns Männer mit Kartoffelpuffern und Filzpantoffeln liebevoll umschmeicheln, zwar zweckmäßige Geschöpfe, aber eben letztlich doch Wesen zweiter Klasse sind. So spricht Ruth Andreas-Friedrich von dem möglichen Mißgeschick, daß man sich nach dem neugeborenen Stammhalter erkundigt und erfährt, daß »er« ein Mädchen ist. Hier helfen dann nur: »ein paar entschuldigende Worte und ein möglichst schnelles Überleiten auf ein anderes Thema«.[56]

Das abgeschilderte Panorama der in Buchform niedergelegten deutschen Anstandserziehung enthält nur wenige Lichtblicke. Leithäusers Buch ist in Teilen akzeptabel, Erica

Pappritz und Karlheinz Graudenz enthalten recht unvermutet einige gute Passagen über liberale Kindererziehung,[57] Hans-Otto Meissner und Isabella Burkhard tun etwas, was niemand sonst macht, sie sprechen in einem Kapitel über das Verhalten bei der Scheidung.[58] Ansonsten kommen Konflikte zwischen Menschen überhaupt nicht vor, oder nur in Verbindung mit dem Ratschlag, Betrunkene, welche die Begleiterin belästigen, mit einem Stoß in die Magengrube unschädlich zu machen.[59]

Aber von diesen wenigen Lichtblicken abgesehen ist die besprochene Literatur streng genommen vor-demokratisch, unmenschlich, verfassungsfeindlich. Das Bild, das von Schule und Betrieb entworfen wird, verletzt die Würde des Menschen, die formulierten Aussagen über die Rolle der Frau verletzen das Grundgesetz. Nicht einmal bis zum Leitbild der industriellen Leistungsgesellschaft stoßen die Autorinnen und Autoren vor, sondern sie bewegen sich weiter in einem naturrechtlich abgesicherten Mittelalter, in dem es allerdings schon Autos, aber noch keine unehelichen Kinder gibt.

Solange dieser Zustand andauert, wäre es sinnlos, ihn durch partielle Retuschen verschleiern zu wollen. Die für die Anstanderziehung relevante Literatur kann nicht umgeschrieben, sie kann auch nicht vergessen werden. Aber wie wollen wir das Problem lösen, das schon den Freiherrn Knigge bewegt hat: wie man die Beziehungen zwischen den Menschen so ordnet, daß ihre Formen den Vorstellungen von einer aufgeklärten, partiell mündigen Gesellschaft entsprechen?

Der Bankrott birgt eine pädagogische Chance. Da wir im Moment in Fragen einer wirklich vernünftigen Anstandserziehung nicht mehr wissen als die jungen Leute, die uns fragen, wie sie sich verhalten sollen, wäre es angemessen, mit ihnen gemeinsam auf der Basis der drei Bücher von J. G. Leithäuser, von Erica Pappritz und des Fachausschusses für Umgangsformen immer wieder zu überlegen, warum diese Anstandsregeln gelten und nicht andere, die möglicherweise den Ansprüchen emanzipierter Menschen eher entsprechen als der verbürgerlichte Zopf eines Hofzeremoniells. Denn uns Zeitgenossen bleibt nichts anderes übrig, als uns immer wieder Klarheit darüber zu verschaffen, wie unsere Lage in einer Gesellschaft ist, in der für alle verbindlich gemacht wird, was einigen nützt: Gesetz, Grund und Boden, Privateigentum, Anstand, gute Manieren. Dabei wird es notwendig sein, die formale Ausstattung der Rollensektoren Oben und Unten, Jung und Alt, Mann und Frau radikal neu zu durchdenken und zu Konsequenzen zu kommen, die die Grenzen unseres Systems bürgerlicher Höflichkeit zum Schutz bürgerlicher Werte mit Notwendigkeit sprengen.

Anmerkungen

1 Bildungsplan für die Oberschule Praktischen Zweiges, Berlin 1957.
2 Joachim G. *Leithäuser:* Man schenkt nicht immer rote Rosen, Hannover 1966, S. 23.
3 Vgl. dazu als Einführung in das Problem der sozialen Rolle Ralf *Dahrendorf:* homo sociologicus, 4. Aufl., Köln 1964.
4 Karlheinz *Graudenz* und Erica *Pappritz:* Etikette neu, 9. Aufl., München 1967, S. 107.
5 *Graudenz:* Etikette, S. 113.
6 *Graudenz:* Etikette, S. 115.
7 *Graudenz:* Etikette, S. 115.
8 *Graudenz:* Etikette, S. 345.
9 *Graudenz:* Etikette, S. 438.
10 *Graudenz:* Etikette, S. 112.
11 *Graudenz:* Etikette, S. 17.
12 *Graudenz:* Etikette, S. 23.
13 *Graudenz:* Etikette, S. 24.
14 Hans Otto *Meissner* und Isabella *Burkhard:* Gute Manieren stets gefragt. Takt — Benehmen — Etikette, München 1962, S. 26.
15 *Graudenz:* Etikette, S. 165.
16 *Graudenz·* Etikette, S. 285.
17 *Graudenz:* Etikette, S. 280.
18 *Graudenz:* Etikette, S. 291.
19 *Graudenz:* Etikette, S. 94 f.
20 *Graudenz:* Etikette, S. 114.
21 *Graudenz:* Etikette, S. 115.
22 Erica *Pappritz:* Interview im ›Stern‹, 1968, 13.
23 *Graudenz:* Etikette, S. 310.
24 *Leithäuser:* Rosen, S. 14.
25 René *König:* Kleider und Leute. Zur Soziologie der Mode, Frankfurt 1967, S. 99.
26 Fachausschuß für Umgangsformen, Höflichkeit heute. Schlüssel zum Erfolg, Köln 1964, S. 19.

27 Etikette der Bundeswehr, in: ›Der Spiegel‹ 1967, 43, S. 46.

28 Hans-Otto *Meissner:* Manieren, S. 316.

29 *Graudenz:* Etikette, S. 189-215.

30 *Graudenz:* Etikette, S. 190.

31 *Graudenz:* Etikette, S. 311-331.

32 *Graudenz:* Etikette, S. 233.

33 *Graudenz:* Etikette, S. 292.

34 *Graudenz:* Etikette, S. 293.

35 *Leithäuser:* Rosen, S. 288.

36 Hubert *Miketta:* Anstand, Benehmen, Charme. ABC des guten Tons, 3. Aufl., Olten 1964, S. 225.

37 *Miketta:* Anstand, S. 225.

38 *Miketta:* Anstand, S. 227.

39 *Miketta:* Anstand, S. 226.

40 *Miketta:* Anstand, S. 251.

41 *Miketta:* Anstand, S. 251.

42 Ruth *Andreas-Friedrich:* So benimmt sich die junge Dame, Heidelberg 1967, S. 21.

43 *Andreas-Friedrich:* Dame, S. 114.

44 *Baron von Wittken-Jungnik* (Hg.): Das Buch der guten Umgangsformen. Ein moderner Knigge, Wiesbaden o. J., S. 88.

45 *Wittken-Jungnik:* Umgangsformen, S. 90.

46 *Graudenz:* Etikette, S. 295.

47 *Graudenz:* Etikette, S. 308.

48 *Andreas-Friedrich:* Dame, S. 17.

49 *Graudenz:* Etikette, S. 45.

50 *Graudenz:* Etikette, S. 55.

51 *Graudenz:* Etikette, S. 90.

52 *Graudenz:* Etikette, S. 90.

53 *Graudenz:* Etikette, S. 96.

54 *Graudenz:* Etikette, S. 107.

55 *Miketta:* Anstand, S. 255.

56 *Andreas-Friedrich:* Dame, S. 99.

57 *Graudenz:* Etikette, S. 110 ff.

58 *Meissner:* Manieren, S. 53 ff.

59 *Meissner:* Manieren, S. 164.

Hanna Krumteich:
Anstandserziehung in der DDR

»die sprache wird gemeinhin als gesellschaftliches bewußt-sein, ja als gedächtnis der menschheit bezeichnet. diesen kalauer einmal wörtlich genommen: ein aufstand gegen die sprache ist ein aufstand gegen die gesellschaft. diese erhebung könnte mit einer ablehnung des guten tons be-ginnen.« (Oswald Wiener »Die Verbesserung von Mittel-europa, Roman«)

›Herr Sauerbier, darf ich Ihnen noch etwas Kaffee ein-schenken?‹ fragte Frau Dr. Stieghahn. ›Ich bitte danken zu dürfen‹, antwortete der Gast und verursachte so einen Fleck auf dem Tischtuch, weil die Gastgeberin ob so viel Höflichkeit aus der Fassung geriet.[1] — War Herr Sauer-bier zu anständig gewesen??

Äußere Umstände und innere Beweggründe veranlassen jeden von uns, den üblichen Umgangsformen — mehr oder weniger — Rechnung zu tragen. Denn die Mißachtung des sogenannten guten Tons gleicht einer Verletzung der gesellschaftlichen Spielregeln, und die bleibt nicht folgen-los: Der ›Spielverderber‹ wird gemaßregelt, beispielsweise mit Aufstiegsschwierigkeiten. Auch Verstöße gegen die Rechtsordnung, die ebenso wie der Benimm- und Moral-kodex menschliches Verhalten ausrichtet, werden geahn-det, in diesem Fall von Rechts wegen mit Bestrafung, oft mit äußerem Zwang. Den verschiedenen Regelungen des sozialen Lebens entsprechen also unterschiedliche Sanktionen, die bei der Nichteinhaltung der jeweiligen Normen von der Gesellschaft verhängt werden.

Unsere gegenwärtige Anstandserziehung — die Vermittlung eines Regelkatalogs scheinbar nur für den gesellschaftlich-geselligen Bereich — ist ein Produkt der bürgerlich-kapitalistischen Gesellschaft. Das Wort ›Anstand‹ findet sich seit etwa 200 Jahren im deutschen Sprachgebrauch,[2] und die jetzt noch geltenden Vorschriften über ›gutes‹ Benehmen sind zum großen Teil Überbleibsel der Zopfzeit-etikette. Denn trotz einiger emanzipatorischer Bemühungen im Bereich der Geselligkeit übernahm das deutsche Bürgertum für den Umgang untereinander weitgehend das feudal-aristokratische Hofzeremoniell und paßte es nur oberflächlich der veränderten gesellschaftlichen Situation an. Von dem ursprünglichen Anspruch auf Teilhabe und Mitwirkung im politischen Bereich rückte die Bourgeoisie im Laufe des 19. Jahrhunderts — mit der Fortentwicklung des Kapitalismus — immer mehr ab. Die Gesellschafts-bezogenheit seines geselligen Gebarens wurde und wird vom ›Privatier‹ geleugnet.

Wenn bei uns der berühmt-berüchtigte ›Knigge‹ als Maß-stab für ›gutes‹ Benehmen herhalten muß, dann ist es der zum Komplimentierbuch verharmloste Aufguß einiger Empfehlungen des Freiherrn Knigge, aber nicht dessen auf-klärerisches Werk, mit dem der bürgerliche Demokrat Knigge, obwohl Freiherr, emanzipatorische gesellschafts-politische Ziele verfolgte.

Anstand in der DDR?

Haben gerade die Momente, die Knigges radikal-demo-kratisches Erbe ausmachen, Eingang gefunden in eine An-standserziehung, die unter sozialistischem Anspruch auf-tritt und die sich ausdrücklich auf den progressiven Knigge beruft?

Zunächst ist allgemein zu fragen, wie in der DDR die Wechselbeziehungen zwischen Individuum und Gesellschaft gesehen werden. Sozial- und Jugendforscher gehen — das überrascht nicht — von der gesellschaftlichen Determination menschlichen Verhaltens und von der Dialektik zwischen Einzelpersönlichkeit und Gesellschaft aus.[3] Die moderne sozialwissenschaftliche Forschung der DDR hat es unter- (oder über-)nommen, für die Gliederung der Gesellschaft und die Stellung des einzelnen in dieser neue Begriffskategorien zur Verfügung zu stellen. Danach sind Makrogruppen, zum Beispiel Alters- und Geschlechtsgruppen, durch bestimmte Merkmale voneinander abgegrenzte große soziale Einheiten, Mikrogruppen dagegen kleinere Gruppierungen wie Schulklassen, Familien, Sportgruppen, Arbeiterbrigaden. »Der einzelne Mensch gehört in der Regel zugleich mehreren Makrogruppen an. Er hat zu jeder Zeit verschiedene *Positionen* inne. Mit diesem Begriff bezeichnen wir die *Zugehörigkeit zu bestimmten Gruppen.*«[4] In jeder Gruppe hat sich ein besonderes gruppentypisches Verhalten ausgeprägt, das von den Positionsträgern erwartet wird. Diese unterliegen jeweils einem gewissen Konformitätszwang. Zur Kennzeichnung dieser Sachverhalte ist die Kategorie ›Gruppenmilieu‹ eingeführt worden, die alle »verhaltensrelevanten Bedingungen der gesellschaftlichen Umwelt einer Gruppe«[5] zusammenfaßt, auch die materiellen Lebensbedingungen.[6] Die Aufgabe der Übermittlung von gesellschaftlichen Informationen, Normen und Verhaltensvorschriften fällt in erster Linie den Mikrogruppen zu, die als das Medium aufgefaßt werden, in dem sich die Verhaltensdetermination realisiert. In ihnen wird ein DDR-Bürger zum Arbeiter, zum Soldaten, zum Atheisten, wird ein Kind zum Jungen oder Mädchen, zum Jungpionier, zum Dorf- oder Stadtkind erzogen.

Zur Erläuterung diene folgendes Beispiel der Verhaltenseinübung: »Das geschlechtstypische Verhalten wird in der Kinder- und Jugendzeit vor allem durch ein System erzieherischer Normen (Vorschriften, Verbote) und Sanktionen gesteuert, wodurch zu unterschiedlicher Bevorzugung von Spielgegenständen oder Kontaktpartnern und zu unterschiedlichen Tätigkeiten und Freizeitgestaltungen motiviert wird. Vom Säuglingsalter an wird die Geschlechterposition durch Kleidung, Haartracht, Schmuck usw. betont.

Später wird nichtjungenhaftes bzw. nichtmädchenhaftes Verhalten von der Kindergartengruppe, dann von der Schulklasse und Freizeitgruppe scharf abgewertet. . . . Das geschlechtypische Verhalten bringt Prestige, es wird systematisch prämiiert. Deshalb erscheint es auch allen so selbstverständlich.«[7]

Das heißt, der einzelne wird von den gesellschaftlichen Institutionen auf bestimmte Rollen festgelegt. Seine Identifikation mit diesen kann nur ein Akt der Anpassung an die ihm übergestülpte Form sein. Anstandserziehung, die das Einüben in die Rollen betreibt, ist ein Prozeß der Verhaltenssteuerung. »Die sogenannten guten Umgangsformen sind ein Instrument sozialer Kontrolle.«[8]

Diese Feststellungen legen es nahe, ›Anstand‹ hier als die Normen innerhalb eines kommunikativen Interaktionssystems zu verstehen, dem bestimmte, von der historischgesellschaftlichen Situation abhängige Werte zugrunde liegen und in welchem das Verhalten der Menschen untereinander durch ein festes Reglement auf einer — von wem auch immer — gewünschten Ebene geregelt und gesteuert wird.

Welche Umgangsformen schlagen nun die Anstandserzieher in der DDR vor und welche Funktionen messen sie den von ihnen vertretenen Verhaltensmustern bei? Inwiefern setzen sie ihren Regelkodex und die gesellschaftlichen Verhältnisse zueinander in Beziehung?[9]

Alte Formen in einer veränderten Gesellschaft

»Die menschliche Gesellschaft hat sich die Umgangsformen nicht zum Spaß gegeben. Kein Zeitalter kann es sich leisten, auf sie zu verzichten. Die Welt muß noch um vieles anständiger werden. Das geht uns alle an. Mit innerem Anstand ist noch nicht genug getan.«[10] Es gilt auch, jede äußere Formlosigkeit zurückzuweisen, die »Anarchie in den Umgangsformen«[11] zu bekämpfen. Mit solchen Appellen wenden sich die Anstandsbuchschreiber einleitend an ihre Leser. Zugleich wollen sie aber auch den veränderten gesellschaftlichen Bedingungen Rechnung tragen. Indem sie nachdrücklich die ökonomische und soziale Gleichheit und die Gemeinsamkeit der Ziele aller Menschen in der sozialistischen Gesellschaft hervorheben,[12] vertreten sie die Vergesellschaftung des Anstands. Das heißt, sie fordern, der sogenannte gute Ton habe in der DDR für alle zu gelten.

»Die Rücksichtslosigkeiten des Allatgs, die gerne als Bosheiten des Nachbarn empfunden werden, sollten in unserer Gesellschaft, die auf der Idee des Kollektivismus aufgebaut wird, mehr als mangelnde Ausbildung in der Höflichkeit eingeschätzt werden. Im Sozialismus ... kann erstmalig der Wunsch Wirklichkeit werden, den andern genauso glücklich zu sehen wie uns selbst. Das ist das neue Fundament sozialistischer Höflichkeit.«[13] Die Benimmbuchautoren unterstellen, die »radikale Revolution« und die »allgemein menschliche Emanzipation« im Marxschen Sinne hätte in der DDR auf allen Gebieten des gesellschaftlichen Lebens tatsächlich stattgefunden; mit der Proklamation der sozialistischen Gesellschaft sei diese tatsächlich geschaffen.

»Eine radikale Revolution kann nur die Revolution radikaler Bedürfnisse sein«, sagt Marx.[14] Spuren solcher Revolution müßten dann auch in den Umgangsformen und den durch sie kommunizierten Erwartungen zu finden sein.

»Es geht· darum, unser Verhalten vernünftig zu regeln, zum Nutzen aller.«[15] Daß dies nicht immer so war, wird in den drei Standard-Benimmbüchern der DDR dargelegt. Da ist einerseits vom Privileg besonderer Kreise in Sachen Höflichkeit die Rede (bei Schweickert/Hold), andererseits von Heuchelei und Klassenmoral (bei Dänhardt). Smolka stellt für die kapitalistische Gesellschaft ganz richtig fest, daß ›gutes‹ Benehmen ein Mittel der ›besseren Gesellschaft‹ ist, sich von den Massen zu unterscheiden und die Zugehörigkeit zur gehobenen Schicht nachzuweisen; daß der Luxusaufwand im Lebensstil die Abgrenzung nach unten gewährleisten soll und daß die jeweils niedere Schicht immer wieder versucht, den Aufwand der höheren nachzuahmen. Für die DDR aber soll gelten: »Was wir als schön, als harmonisch empfinden und welche Formen des Umgangs wir untereinander pflegen wollen, ist uns und *nur uns* überlassen.«[16]

Hier wäre genauer nach dem Subjekt solcher Bestimmung zu fragen und nach den neuen Inhalten von Schönheit und Harmonie, die den Bedürfnissen des einzelnen als denen der Gesellschaft entsprechen. Die Autoren der Anstandsbücher stellen sich nicht konsequent solcher Fragestellung, obwohl diese aus ihrem Anspruch resultiert, nur solche Umgangsformen zu empfehlen, die der neuen Auffassung vom Zusammenleben der Menschen in der DDR entsprechen. Sie weichen aus, indem sie die ideologische Auseinandersetzung undialektisch auf ein oberflächliches Inhalt-Form-Problem reduzieren. Sie erklären: »Alte Formen können sehr wohl neue Inhalte aufnehmen. Formen, die den Anschein der Harmonie in einer Welt des erbitterten Existenzkampfes geben sollten, können in einer sozial gerechten Ordnung sehr wohl auch echte Harmonie ausdrükken.«[17]

Offenbar bringt die Übernahme des typisch bürgerlichen Kulturproduktes ›Anstand‹ aber doch theoretische Schwierigkeiten mit sich, so daß zur Rechtfertigung des Rückgriffs auf althergebrachte Formen als Tradierung sozialistischen Erbes folgender gedankliche Salto mortale angestellt wird: »Selbst die Regeln des sogenannten guten Tons der herrschenden Oberschicht uns vorangegangener Gesellschaftsepochen konnten nur aufgestellt und eingehalten werden, weil es *arbeitende* Klassen gab, die dieser Oberschicht der Gesellschaft erst die materiellen Möglichkeiten schufen, solche Regeln aufzustellen und sie durchzusetzen.«[18]

Einfach haben es die Anstandserzieher nicht, denn in der DDR sind — trotz der gegenüber der BRD weitgehend aufgehobenen alten Klassendifferenzen — kaum neue Formen des menschlichen Miteinander herausgebildet worden. Deshalb werden Argumente gesucht, mit denen die überzeitliche Allgemeingültigkeit bestimmter Verhaltensmuster nachgewiesen werden soll.

So ist es bei Smolka das »Streben nach Schönheit im Leben,

die Ästhetik, ... ein echtes Bedürfnis. ... Wir wollen uns nicht nur vorwärts bewegen beim Gehen, es soll auch schön aussehen.«[19] Marxistisch folgerichtig wird das wahrhaft menschliche Leben, das der Sozialismus ermöglicht, ein Streben nach Harmonie in allen Lebensbereichen sein.

Schön und harmonisch sind jedoch — bei Licht betrachtet — erstarrte Formen, nicht neue Qualitäten: die alten bürgerlichen ›Tischsitten‹ beispielsweise oder die ›dezente Eleganz‹ der Dame und die ›unauffällige Gediegenheit‹ des Herrn in Sachen Kleidung, angefangen beim klassisch geschnittenen dunklen Kostüm bis hin zum korrekten Anzug mit Krawatte; die Bügelfalte darf nicht fehlen. Bei Festlichkeiten ist die entsprechende Kleidung erbeten: Cocktail- oder Abendkleid, dunkler Anzug oder Smoking.

Es ist zu vermuten, daß es sich bei den Angelegenheiten hinsichtlich der äußeren Erscheinung einerseits um die bloße Übernahme bestehender Vorschriften handelt, daß aber andererseits bei der Vorgabe von Mustern — in strategischer Absicht — westlichen Leitbildern, die für die DDR-Bürger stets mit ›Wohlstand‹ assoziiert und bekanntlich von großer Anziehungskraft sind, Rechnung getragen wird, wenn auch sehr restriktiv. Gewisse Freiheiten im Bekleidungssektor, in Modedingen — im Kapitalismus schon aus Marktgründen erlaubt und gefördert — scheiden für die Bevölkerung der DDR bereits infolge der Konsumgüterknappheit aus.

Wenn es bei Smolka anläßlich der Nachtbekleidung heißt: »Das An- oder Ausziehen ist, wenn zwei andere Augen zuschauen, so lieb sie einem sonst auch sein mögen, eine Sache, die mancher am liebsten für sich allein abtun und abgetan wissen möchte, eine Anschauung, die man auch nach längerer Ehezeit achten sollte«,[20] wenn Schweickert/ Hold deshalb fürs Umkleiden im gemeinsamen Schlafzimmer allen Ernstes einen Paravent vorschlagen,[21] so dürften sie damit schwerlich auf die Bedürfnisse der Arbeiterklasse antworten. »Du sollst sauber und anständig leben«, lautet das 9. Moralgesetz der DDR.[22] Ordnungssinn und Sauberkeit überall zu jeder Zeit! Hier haben die Revisionisten das falsche Erbe von Preußentum und Untertanen-

geist des Kleinbürgertums mit seiner Scheinmoral ange-
treten.

Schweickert/Hold wollen kein künstliches Regelkorsett. Sie
berufen sich auf Takt und die Höflichkeit des Herzens,
»die in unseren Lebenskreisen allein ausschlaggebend sein
kann. Denn eine gute Lebensart wird dem Menschen immer auch ein inneres Bedürfnis sein, sie fordert unseren
Mitmenschen gegenüber jene Zuvorkommenheit, die aus
Achtung vor der Menschenwürde und damit aus echter
Humanität geboren ist. Darum wächst die Höflichkeit aus
der Natürlichkeit.«[23]

Würde des Menschen, Gleichheit aller, das sind Forderun-
gen, um die der politische Kampf vor rund dreihundert
Jahren begann. Wären diese Ideale zu bestimmenden Faktoren des menschlichen Zusammenlebens geworden, so
bräuchten keine Anstandsbücher geschrieben werden. Po-
stulate müssen verinnerlicht werden, um normativ wirken
zu können.

Schweickert/Hold hoffen auf die restlose Internalisierung
der sozialen Normen dadurch, daß sie die Anstandsvor-
schriften mit der — vorgeblich zeitlosen und nicht schich-
tenspezifischen — ›Herzensbildung‹ kopulieren. Damit
wollen sie zugleich dem »kleinen Mann«, — »er ist wer«[24]
— Trost und Sicherheit geben, denn die ›Herzensbildung‹
»ist mit mehr oder minder großer Brieftasche nicht zu er-
werben, aber wer sie besitzt, braucht im gesellschaftlichen
Leben nichts zu befürchten.«[25] Im Gegenteil, die Minderbe-
mittelten haben es sogar besser: Der »Frau mit dem kleinen Portemonnaie« bleibt nichts anderes übrig, als sich
auf das, was sie hat — Herz und Natürlichkeit —, zu
verlassen. »Sie wird viel mehr Geschick aufwenden müssen und aufwenden, um das, was die Natur ihr gegeben
hat, zu unterstreichen und mit bescheidenen Mitteln zur
Geltung zu bringen.« Die Belohnung dafür bleibt nicht
aus: »Sie liebt ihren Lebensstil mit den Möglichkeiten, die
ihr die schmale Kasse erlaubt, und sie ist dabei meist
von herzlicher gewinnender Frische.«[26] Ihre Natürlichkeit
müßte nach Meinung der Autoren die Bewunderung der
Männer hervorrufen und den Neid manch reicher Frau,

die in Gefahr sei, dank mehr Geld aufdringlich zu wirken. Es lohne sich überhaupt, dem Anstandsproblem die nötige Aufmerksamkeit entgegenzubringen und Anpassung zu üben, denn »die Vorteile sind bemerkenswert: Man kommt leichter vorwärts (auch wenn man gelegentlich einmal ›zurücktritt‹), ... man findet sich überall und in jeder Lage viel besser und mit einer geradezu natürlichen Selbstverständlichkeit zurecht ... und vermeidet unter Umständen falsche Beurteilungen.«[27]

Das alles mutet einerseits wie eine Selbstdarstellung des Kleinbürgertums an, andererseits wie bourgeoiser Sozialkitt. Das Fundament neuer mitmenschlicher Beziehungen ist in der DDR offensichtlich nicht geschaffen. Während im Ausbildungssektor immer aufs neue die Voraussetzungen für die soziale Gleichheit aller gegeben werden, taugt Anstandserziehung, die nicht in einer revolutionären Konzeption von Erziehung aufgehoben ist, nur dazu, die tatsächlichen Unterschiede sozialer Gruppen aufrechtzuerhalten.

Die mit den Anstandsregeln transportierten Rollenerwartungen bewirken eine Steuerung des einzelnen zum Nutzen partikularer Interessen; es ist eine Steuerung nach vorgegebenen sozialen Normen, auch wenn diese als die allgemeingültigen ausgegeben werden. Friedrich spricht von sozialen Sollwerten. Er versucht, das Erklärungsmodell biologischer Regulationsvorgänge auf das allgemeine Sozialgeschehen zu übertragen: Sozialkybernetik in der DDR. Immerhin stellt Friedrich fest, daß Sollwerte von Menschengruppen bestimmt und variabel sind. Das heißt, daß diese Gruppen kraft ihrer Funktion als Sollwertgeber außerhalb der sozialen Systeme stehen, die mit Hilfe der Regelungs- und Steuerungsprozesse stabilisiert werden sollen.[28]

Dänhardt ist der einzige der Anstandsbuchschreiber, der ehrlich zugibt, daß Rücksichtnahme auf die Interessen anderer ›gutes‹ Benehmen fordert, und der wiederholt ermahnt zum Nachdenken über den Sinn gegenseitiger Erleichterungen und über das Warum und Wie des angemessenen Verhaltens anderer Menschen gegenüber. Aber auch sein Appell entbehrt letztlich der rationalen Grundlage, wenn er sich auf eine — wie immer geartete — Normalität stützt: »Wer es nicht für normal hält, den gleichgestellten Genossen mit genausoviel Achtung gegenüberzutreten wie dem Dienstgradhöheren, dem fehlen noch ein gut Teil moralischer Qualitäten für einen sozialistischen Soldaten.«[29]

Hierarchische Strukturen

Wo die alten Klassengegensätze abgeschafft wurden, wo mit der Einführung des Systems der Planung und Leitung in der Wirtschaft viele fachlich hochqualifizierte junge Menschen in leitende Stellungen nachrücken und wo über 50 Prozent der Berufstätigen Frauen sind, müßte die Faustregel ›Alter vor Jugend, Damen vor Herren, Vorgesetzte vor Untergebenen‹ fragwürdig geworden sein.

Doch bereits für das Bekanntmachen und Kennenlernen untereinander gibt es ausgeklügelte Regeln, die bis ins Detail identisch mit den hiesigen sind und Normen der Unterordnung darstellen. Zuerst sind also die Namen der Herren, der Jüngeren und der im beruflichen Leben weniger Verantwortlichen zu nennen sowie die Floskeln »Gestatten Sie, daß ich vorstelle« oder »Darf ich bekannt machen«[30] anzuwenden. Gründe für die bevorzugte Behandlung bei den Vorstellungsformalitäten sind: politische Bedeutung, hoher gesellschaftlicher Rang und hervorragende Leistungen im ökonomischen Bereich. Innerhalb der Nationalen Volksarmee stellt sich jeder mit Dienstgrad und Namen vor. Analog gilt die obige Reihenfolge und Rangordnung auch beim Grüßen. »Der Schüler grüßt den Lehrer, der Lehrling den Meister, der Abteilungsleiter den Minister, der Herr die Dame, also der Unterstellte bzw. der Dienstgradniedere den Vorgesetzten bzw. Dienstgradhöheren.«[31] Weibliche Lehrlinge und Schülerinnen werden nicht abwarten, bis ihre männlichen Ausbilder sie grüßen. Angehörige der Armee haben ein besonderes Grußzeremoniell, das in den Dienstvorschriften der NVA genauestens festgelegt ist. Offenbar muß der Soldat, auch wenn er die Geliebte im Arm hält oder ein großes Paket schleppt, so exakt grüßen — durch Anlegen der rechten Hand an die Kopfbedeckung —, wie er es in der Grundausbildung ›gelernt‹ hat. Als eindeutiges Erkennungsmerkmal des Ranggefälles in der Armee dient wie üblich die Uniform mit ihren differenzierenden Ausschmückungen, Zeichen der Ungleichheit. Die Uniform selber ist ein Mittel der Disziplinierung; sie zu tragen verpflichtet. Schlechtes bzw. von der Regel und den Vorschriften abweichendes Benehmen von Uniformträgern kann jederzeit mit dem Hinweis sanktioniert werden, dem Ansehen der Armee zu schaden — wie von jeher bei allen Militärs.

In der DDR vergibt der Staat zahlreiche Orden, Preise, Medaillen und Ehrentitel in diversen Abstufungen. Zweck der ungewöhnlich reichlichen Ausschüttung von Sichtabzeichen ist vor allem der Ansporn zu höherer Leistung und Arbeitsproduktivität; denn die meisten Auszeichnungen sind Belohnungen für spezielle Verdienste. Nicht nur die ›Lebenswerke‹ »großer Geister«[32] werden honoriert, auch der Sieger eines Wettbewerbes beispielsweise erhält eine Ehrennadel, und den besten Schülern werden am Schuljahresende Plaketten angesteckt.

Die Titelanrede als weitere Unterscheidungshilfe im Bereich von Oben und Unten ist zumindest im Berufsleben und bei offiziellen Gesprächen gegenüber leitenden Staats- und Wirtschaftsfunktionären erwünscht. Das ›Herr Oberbürgermeister‹ ist gebräuchlich; und der Schüler spricht besser mit dem ›Herrn Direktor‹. Schweickert/Hold plädieren gar für das aus der Feudalzeit stammende ›Gnädige Frau‹. In der NVA und zwischen Mitgliedern der SED sowie gegenüber Angehörigen ausländischer kommunistischer Parteien ist die Anrede ›Genosse‹ immer noch üblich. Die Reste des sozialistischen Internationalismus sind — wie in der westdeutschen Sozialdemokratie — Bestandteile des Protokolls geworden.[33] Die Anrede ›Kollege‹ bleibt dem beruflichen und gewerkschaftlichen Sektor überlassen. Wer ›Frau‹ oder ›Fräulein‹ sagt, hält sich neutral, wobei ›Frau‹

den Verheirateten vorbehalten ist, um ihre Höherstellung gegenüber Ledigen zu manifestieren. Nur Dänhardt möchte zwecks Vereinfachung des Sprachgebrauchs das ›Fräulein‹ ganz missen.

Die in den Büchern empfohlene Verwendung der Anredeformen ›Du‹ bzw. ›Sie‹ belegt, daß durch diese Spezialisierung von vornherein der zwischenmenschliche Kommunikationsprozeß in bestimmte Bahnen gelenkt wird und daß gewisse Möglichkeiten der Informationsaufnahme in manchen Bereichen nicht möglich und auch nicht gewünscht sind, so im Betrieb, bei Behörden und während der Dienstzeit in der NVA, wo ›Sie‹ strikte Vorschrift ist. Ob die Spaltung des Zusammenlebens in Privat- und Arbeitssphäre im Sinne kommunikativer Arbeitsteilung bestimmte Vorteile hat, sei dahingestellt, sicher aber ist, daß durch die Festlegung der ›Du‹- und ›Sie‹-Zonen eine Steuerung vorgenommen wird, die häufig Unterordnung bewirkt und das Denken in Hierarchien bestärkt. Auch bei Geselligkeiten wird die Einhaltung von Statusgrenzen gefordert. Ein Gast von hohem gesellschaftlichem Rang kann sich manches erlauben, was ›Herrn Schulze‹ nicht gestattet ist. Bedeutenden Persönlichkeiten, Künstlern und Wissenschaftlern zum Beispiel »ist die eine oder andere Spielregel des guten Tons vielleicht unbequem, und sie gehen darüber hinweg«. Sie dürfen es, denn sie haben sich bereits durch hervorragende Leistungen zum Wohle des ganzen Volkes für die Privilegierung als tauglich ausgewiesen; sie sind Herrschaften. »Herrn Schulze aber würde der Makel anhaften, daß er sich nicht zu benehmen weiß.«[34]

Es wird deutlich, daß die Privilegierten — die ›neue Klasse‹ der Führungskräfte — am Fortbestehen der alten Umgangsformen interessiert sein müssen. Sie nutzen diese als Kontroll- und Selektionsinstrument, indem sie selbst es sich leisten, keinen Gebrauch davon zu machen. Die Anstandsregeln sind Entscheidungsabnehmer für die Unmündigen, während die Mündigen sich zum Vormund emanzipieren.

Wenn sich das Kollektivitätsprinzip infolge der hierarchischen Strukturen in der Organisation der Produktionssphäre nicht voll entfalten kann — wegen der »Schranken, die … während der Arbeitszeit aber nun einmal aus Gründen der Arbeitsdisziplin gesetzt sein müssen« —, so dürfte anzunehmen sein, daß gerade bei Geselligkeiten die Gleichheit aller Betriebsangehörigen betont wird. Doch selbst das ›So-zwanglos-wie-möglich-Sein‹ beim Betriebsfest muß schon an der geforderten Tischordnung scheitern: Für die maßgeblichen Kader sind nämlich die Plätze an der Stirnseite der Tafel zu reservieren, wo sie, »gewissermaßen als Präsidium, Platz nehmen«.[35]

Die hier dargelegten Prioritäts- und Unterordnungsverhältnisse verweisen auf das Problem von Autorität, das generell von der Anstandslehre der DDR nicht diskutiert wird. Es scheint in diesem Zusammenhang von Belang, daß sich letztlich alle vorhandene Autorität in dieser sozialistischen Gesellschaft aus der Produktionssphäre herleiten läßt und somit, Engels zufolge, als Sachautorität zu legitimieren sucht. Zur Problematik solcher Form von Autorität schreibt Enzensberger: »Aber auch diese Autorität muß gebrochen werden. … Eine Technologie, die ihre Fragen autoritär löst, die den Menschen einer wahren Despotie unterwirft und sich keinen Deut um seine Autonomie schert, ist konterrevolutionär.«[36]

In der Familie erwirbt das Kind die ersten Verhaltensgewohnheiten. Von dieser Tatsache ausgehend appellieren die Anstandserzieher der DDR an die Autorität der Eltern, die Kinder von kleinauf an bestimmte Verhaltensmuster zu gewöhnen und sie auf Wertvorstellungen ›einzustellen‹, die für die Gesellschaft typisch sind. Zum Beispiel prägen regelmäßige kleine Hilfeleistungen im Haushalt und die sanktionelle Bewertung von übernommenen Pflichten bereits sehr früh das Verhältnis der Kinder zur Arbeit. Gedacht ist an eine gezielte frühkindliche Konditionierung. Wegen der Identifizierungsbereitschaft der Familienmitglieder sollten die Eltern ihrer Aufgabe nachkommen, als Autoritäten Vorbild zu sein. Wenn sich Smolka noch etwas Mühe gibt, die Problematik der Erwachsenen-Kind-Beziehungen wenigstens anzudeuten, verfehlen sie Schweickert/

Hold gänzlich, indem sie lediglich darauf hinweisen, die Kinder seien bei Besuch gesondert aufzubewahren. Den Gästen schlagen sie vor, Anerkennung über den Nachwuchs zu heucheln, wenn es sich nicht vermeiden läßt, ihn zu sehen.

Anstandserziehung in anderen gesellschaftlichen Institutionen, denen es im wesentlichen obliegt, soziale Lernprozesse in Gang zu setzen und zu lenken, zum Beispiel Kinderkrippe und Kinderhort, Einrichtungen, die in der DDR weit mehr verbreitet sind als in der BRD, wird in den Büchern für sogenanntes gutes Benehmen nicht behandelt. Folglich werden auch keine für den Kollektivismus spezifischen Umgangsformen aufgezeigt. Ebenso finden sich in den Anstandsbüchern der DDR keine Hinweise über die Erfordernisse kooperativen Verhaltens bezüglich der sozialen Beziehungen innerhalb der Schule.

Die Stellung des jungen Menschen im Arbeitsprozeß hat sich in den 20 Jahren seit Gründung der DDR geändert. Die gute Schulausbildung befähigt die Jugend frühzeitig zu besonderen Leistungen; folglich werden auch hohe Anforderungen an sie gestellt. Mitunter können relativ junge Fachkräfte rasch in leitende Stellen im Staats- und Wirtschaftsapparat der DDR aufsteigen, die FDJ kann jährlich 700 ihrer besten Funktionäre und Mitglieder für führende Positionen vorschlagen.[37] Die Wirtschaft der DDR kann bei der starken Überalterung der Bevölkerung auf die jungen Arbeitskräfte nicht verzichten. Diese Tatsachen wirken sich dahingehend aus, daß der Jüngere den Älteren in sachlichen Angelegenheiten korrigieren darf; bei weltanschaulichen Fragen soll er in Gesprächen seine Meinung verteidigen, parteinehmend für den Sozialismus. Dazu sind die Mitglieder der FDJ, also die 15- bis 26jährigen, laut ihres Statuts von 1963 verpflichtet. In welchen Formen diskutiert wird, richtet sich vor allem nach der generellen Regel ›Alter vor Jugend‹.

Der Frauenüberschuß und die Berufstätigkeit der Frau kennzeichnen in hohem Maße die gesamtgesellschaftliche Situation der DDR. 1967 setzte sich die Bevölkerung aus etwa 45,6 Prozent Männern und 54,4 Prozent Frauen zusammen; von rund 7,1 Millionen Arbeitskräften waren ungefähr 3,6 Millionen weiblich. Über 80 Prozent aller im arbeitsfähigen Alter Stehenden befanden sich tatsächlich im Arbeitsprozeß.[38] Stolz verkündet die Sozialwissenschaft der DDR: »In unserem Staat ist die politische, wirtschaftliche und rechtliche Emanzipation der Frau verwirklicht.«[39]

Demnach müßten die Erwartungen bezüglich der ›Geschlechterposition‹ andere sein als in der bürgerlich-kapitalistischen Gesellschaft, wo die Frau drei traditionelle Funktionen hat, nämlich als Sexualobjekt, als Prestigeobjekt des Mannes und als Arbeitsinstrument mit doppelter Belastung in Haushalt und Beruf zu dienen.

Grundlegende Auswirkungen des Emanzipationsprozesses im Bereich Mann und Frau scheinen jedoch über das Vorstellungsvermögen der Anstandserzieher zu gehen. Sie plädieren lediglich dafür, allen weiblichen Wesen im Produktionsbereich hilfreich entgegenzukommen; Kameradschaft könne sich aber auch in der Mithilfe der Männer bei der Hausarbeit verwirklichen. Smolka schreibt im Kapitel »Gleichberechtigung heißt nicht Gleichstellung«: »Gewiß, das Mädchen und die Frau stehen nunmehr ›ihren Mann‹ im Leben, das kann aber noch nicht bedeuten, daß sie jetzt gleich Männern behandelt werden, und auch nicht, daß sie sich gleich Männern benehmen müssen.« Er fürchtet ein Chaos, wenn die Frau zuerst grüßen würde, wenn sie dem Mann ihrer Wahl einen Heiratsantrag stellen wollte. »Die Welt stände doch kopf.«[40] Damit sie in den alten Angeln bleibt, soll die Frau immer noch das unmündige Geschöpf sein, das sich in der Öffentlichkeit — außerhalb des Arbeitsplatzes — nicht frei bewegen darf, werden ihr doch beim Vorstellen, im Restaurant oder beim Tanz nur die überkommenen Umgangsformen zugebilligt. Zu Hause hat sie für Familiensinn, Entspannung, die Kinder, Sauberkeit und Ordnung in der Wohnung, gute Küche und sparsame Haushaltsführung zu sorgen. Schweickert/Hold bieten ihr als Entschädigung für ihre Mehrarbeit den Kaffeeklatsch an. Dem Mann bleibt nach wie vor die Beschützerfunktion erhalten; selbst als Galan soll er sich üben, am besten mit Handkuß. Schließlich werden den jungen Mädchen die Voraussetzungen oktroyiert, die ein Mann haben muß, will er die Frau erobern: »Unauffällige, gute, saubere Kleidung, gepflegtes Aussehen, ruhiges anständiges Benehmen, gute Umgangsformen, Höflichkeit, Hilfsbereitschaft, gutes Wissen, Vorwärtsstreben, ein Ziel vor den Augen haben. Offenheit, Pünktlichkeit, nicht nur vorgetäuschte Männlichkeit, ordentliches Sprechen, Steckenpferde, Interesse an vielen Dingen. Bei Musik nicht nur Jazz und Tanzmusik, vernünftige Sparsamkeit (Geldausgeben ist keine Kunst!), Zukunftspläne, die sich verwirklichen lassen, politische Weitsicht, eigene Meinung, absolute Ehrlichkeit, feste Standpunkte ohne Dickköpfigkeit, nett muß man sein, ein ganzer Kerl muß man sein, zuverlässig und in Dingen, die nur sie und ihn angehen, äußerst verschwiegen.«[41] Hinzu kommen die Leistungen, die die Wertschätzung eines Menschen entscheidend mitbestimmen. Da in der DDR gemäß Familiengesetz von 1965 die Ehe »für ein Leben« geschlossen wird, taucht das Problem der Scheidung in den Büchern für ›gutes‹ Benehmen gar nicht auf, ebensowenig wie eventuelle Schwierigkeiten lediger Mütter. Derartige Konfliktsituationen, die die Betroffenen veranlassen könnten, in solchen ›Ratgebern‹ nachzuschlagen, werden nicht erörtert.

Die Ideologie vom weiblichen Wesen hält sich am Leben mit all den alten Vorurteilen über die Geschlechterrollen. »Die Unterdrückung der Frau ist vor allem in dem Verhalten der Frauen selber zu erkennen«,[42] einem Verhalten, das den Anforderungen und Wünschen derer entspricht, denen solches Verhalten nützt. Das sind in diesem Fall die Führungskräfte in Staat und Wirtschaft, denen an der Arbeitskraft der Frau gelegen ist, und die Männer im allgemeinen, die aber letztlich selber Opfer sind, weil sie dem vorgezeichneten Mannes-Bild Folge zu leisten haben, wollen sie sich nicht den Sanktionen aussetzen, die die Gesellschaft bereithält für Aus-der-Rolle-Fallende: zum Beispiel Verachtung, Prestigeverlust, Aufstiegsschwierigkeiten, Wegfall von Prämien, Liebesentzug.

Die Anstandserziehung verhindert die volle Gleichberechtigung der Frau und die menschliche Emanzipation der Geschlechter.

Neuerungen sozialistischer Geselligkeit

Für das gesellige Beisammensein sind in der DDR einige neue Rituale geschaffen worden: die Feiern anläßlich der sozialistischen Namensgebung, der Jugendweihe und der sozialistischen Hochzeit, außerdem verschiedene Brigadeabende und Jugendklubs. Die Umfunktionierung der in der bürgerlichen Gesellschaft stattfindenden Feierlichkeiten beim Eintritt in neue Lebensabschnitte drückt sich namentlich in der Bezeichnung aus. Der Ablauf solcher Festlichkeiten unterscheidet sich, abgesehen vom Wegfall der kirchlichen Bestätigung, kaum von Taufe, Konfirmation und Hochzeit. Die Feiern zur Namensgebung werden in der Regel für mehrere Kinder gleichzeitig abgehalten. Patenschaften sind möglich. Auch auf die Rudimente von Initiationsriten, wie sie bei Konfirmation oder Firmung zu finden sind, kann die sozialistische Gesellschaft offenbar nicht verzichten. Sie bietet die Jugendweihe, die im Frühling gefeiert wird. Zu dem Zeremoniell, das mit dem Gelöbnis zu Fleiß, Vorwärtsstreben und Verantwortung für das sozialistische Deutschland und die Erhaltung des Friedens unterstrichen wird, ist festliche Kleidung zu tragen: pastellfarbene Kleider bei den Mädchen, dunkler einfarbiger Anzug mit weißem Oberhemd und dezenter Krawatte bei den Knaben. Bei der sozialistischen Hochzeit ist folgendes neu: Das kirchliche Zeremoniell ist in die staatliche Behörde verlagert worden; die Hochzeitsfeier mit Gästen statten die Kollegen aus. Der volkseigene Betrieb hat die Rolle des Brautvaters übernommen und sorgt zusätzlich für die Ausgestaltung der Feier. Aber auf dem Programm stehen all die Sachen, die deutsche Gemütlichkeit hervorgebracht hat: ›gute‹ Musik, Tischreden, Chorgesang und Tafellieder. Wenn letztere vom Klavierspieler begleitet werden, besteht kaum Hoffnung, daß solch eine kleinbürgerliche, spießige Feier nicht klappen könnte.

Die Anstandslehre der DDR sieht Sinn und Zweck von Brigadeabenden in der Pflege der persönlichen Kommunikation außerhalb der gemeinsamen Arbeit, in allgemeiner Weiterbildung und Unterhaltung, wozu Vorträge, Filmabende, Theaterbesuche sowie geselliges Beisammensein mit Brigaden anderer Betriebe beitragen sollten. An die Brigademitglieder ergeht die Aufforderung, bei der Programmgestaltung mitzuwirken.

Die Jugendklubs ähneln den hiesigen öffentlichen Jugendeinrichtungen, die der institutionalisierten Freizeitgestaltung dienen. Die Neuerungen der DDR im geselligen Bereich lassen sich mit einiger Sicherheit als Surrogate bürgerlicher Geselligkeiten darstellen, ohne jedoch deren ausgesprochen konsumtiven Charakter zu haben, was durch die ökonomische Situation der DDR bedingt erscheint.

Zusammenfassung: Anstandserziehung im System der Planung und Leitung sozialen Verhaltens

Die Anstandserziehung der DDR hat kritiklos traditionelle Umgangsformen übernommen. Ihrem selbstauferlegten Anspruch, dem Sozialismus entsprechende Ausdrucksformen für den Umgang der Menschen untereinander und für die »neuen Beziehungen« zwischen ihnen zu vertreten,[43] wird sie nicht gerecht. Sie versucht vielmehr, die soziale Ungleichheit zu verschleiern und soziale Konflikte mit ihrem Reglement des sogenannten guten Benehmens aufzufangen und zu Formfragen zu verharmlosen.

Die von den zitierten Autoren vertretenen Umgangsformen sind — mit einigen Modifikationen — die der bürgerlich-kapitalistischen Gesellschaft.

Die Anstandslehre wendet sich an Gruppen der Bevölkerung der DDR, die sie für unmündig und anpassungswillig hält. Tatsächlich scheint ein großer Teil der Menschen in der DDR Anpassung und Einordnung zu wollen oder zumindest unter einem erheblichen Anpassungsdruck zu stehen. Das läßt sich unter anderem aus der Auflagenhöhe der Anstandsbücher und der starken Nachfrage nach diesen schließen. So hat sich das Solidaritätsprinzip zum Konformitätstrend verformt. Die Gesellschaft teilt sich in ›Schrittmacher‹ und ›Mitmacher‹. Dies akzeptiert auch die SED, in deren offiziellen Sprachgebrauch derartige Bezeichnungen nunmehr Eingang gefunden haben.[44]

Es ist zu vermuten, daß die Anstandsbuchschreiber der DDR die traditionellen Formen des sogenannten guten Benehmens teils unreflektiert, teils aber in affirmativer Absicht übernommen haben. Damit unterstützen sie bestimmte gesellschaftliche Ziele, die sich vor allem aus der Planung der Produktion abzuleiten scheinen. Dafür spricht ihr ausdrückliches Plazet sowohl für die Positions- als auch für die Leistungshierarchien.

An dieser Stelle erhebt sich die Frage nach der gesellschaftlichen Stellung und der Gruppenzugehörigkeit der Autoren, die hier nicht beantwortet werden kann. An der Erstellung des Inhalts der Bücher hat in keinem Fall ein Kollektiv gearbeitet.

Verhaltensweisen, die zur Festigung hierarchischer Strukturen beitragen, werden von der Anstandserziehung als vorbildlich hingestellt. Sie gründen sich auf Rollenerwartungen, die die soziale Konsolidierung der DDR in einer technokratisch gelenkten Leistungsgesellschaft mit kleinbürgerlicher Moral betreiben. Im Sinne der Leistungssteigerung werden die Moralnormen funktional eingesetzt. Die Anstandserziehung stellt somit eine Komponente im Steuerungsprozeß menschlichen Verhaltens dar. Das durch Anstand geregelte zwischenmenschliche Miteinander, wie es die Anstandslehre vorsieht, soll offenbar aus der Gesamtplanung des sozialen Verhaltens resultieren, deren wichtigster Parameter gegenwärtig die Produktion ist, mag das den Autoren der Benimmbücher so bewußt sein oder nicht.

Seit der Einführung des neuen ökonomischen Sytsems der Planung und Leitung ließen sich Führungskräfte rekrutieren, die den Anforderungen des modernen Managements gewachsen sind. Diese neue Schicht nimmt eine Schlüsselstellung im Produktionsbereich ein. Weil sie die Kontrolle über die Fertigungs- und Arbeitsprozesse hat, also das

Leistungsverhalten der Bevölkerung überwacht, regelt sie auch das Sozialverhalten. Diese Nahtstelle von Produktion und Interaktion scheint für die Anstandserziehung bedeutsam zu sein.

Während Planung und Lenkung der Wirtschaft effektiv durchgeführt werden, ist die Steuerung der »ideellen Prozesse« — in den Augen der Sozialkybernetiker — vernachlässigt worden. Aber man geht in der DDR bereits unter wissenschaftlichen Vorzeichen daran, eine »Theorie und Methodik der Planung und Leitung moralischer Prozesse« unter Einbeziehung der Kybernetik voranzutreiben.[45]

Anmerkungen

1 Ein der Realität, nicht den Anstandsbüchern entnommenes Beispiel; in seiner Komik diesen jedoch vergleichbar.

2 Ernst *Wasserzieher:* Woher? Ableitendes Wörterbuch der deutschen Sprache. Dümmler, Bonn 1962.

3 Vgl. Walter *Friedrich:* Jugend heute. Deutscher Verlag der Wissenschaften, Berlin 1967, S. 50.

4 *Friedrich*, a. a. O., S. 58.

5 *Friedrich*, a. a. O., S. 59.

6 Auf diese Weise will sich die gesellschaftswissenschaftliche Forschung der DDR von der gegenwärtig in den kapitalistischen Ländern vorherrschenden strukturell-funktionalen Theorie absetzen. Sie wendet sich gegen die — wie sie meint — Reduzierung der Sozialrolle auf ein Bündel von ›Normen‹, ›Erwartungen‹, ›Rechten‹, ohne auf die Implikationen dieses Instrumentariums zu verzichten, und gegen die Ausklammerung der materiellen Lebensbedingungen. Auf die verkürzte Darstellung des Standpunktes von Dahrendorf zur Kategorie der sozialen Rolle mit zum Teil unvollständigen Zitaten durch Friedrich sei hier nur hingewiesen. Vgl. *Friedrich*, a. a. O., S. 62 f.

7 *Friedrich*, a. a. O., S. 72.

8 C. Wolfgang *Müller:* Für eine Revision der Anstandserziehung, in: deutsche jugend, September 1968, S. 398.

9 Folgende Publikationen liefern das Material zu dieser Untersuchung:
Karl *Smolka:* Gutes Benehmen von A — Z. Verlag Neues Leben, Berlin 1968. 7. Aufl., 455 S., M 9.50. Die erste Auflage erschien 1957. Das Buch wird nach Auskunft von Buchhändlern besonders gern von Jugendlichen gekauft.
W. K. *Schweickert* und Bert *Hold:* Guten Tag, Herr von Knigge. Ein heiteres Lesebuch für alle Jahrgänge über alles, was ›anständig‹ ist. Henschelverlag Kunst und Gesellschaft, Berlin 1967. 18.

Aufl. (298. — 307. Tausend), 255 S., M 5.80. Im Spätherbst 1969 erschien eine weitere Auflage. Dieses Werk ist noch immer *das* Anstandsbuch in der DDR und wird von allen Teilen der Bevölkerung erworben.

Reimar *Dänhardt:* Fein oder nicht fein. Eine Plauderei über den guten Ton. Deutscher Militärverlag, Berlin 1968, 1. Aufl. (1. — 20. Tausend), 339 S., M 5.20. Dieses zuletzt erschienene Buch wendet sich vor allem und ausdrücklich an die Angehörigen der Nationalen Volksarmee.

Weitere Titel wurden nach 1960 von den volkseigenen Verlagen der DDR nicht veröffentlicht. Alle genannten Publikationen sind immer wieder zeitweilig vergriffen, die Nachfrage ist also sehr groß. 1969 erschien erstmals nach 1945 eine neue, ungekürzte Ausgabe von *Knigges* ›Über den Umgang mit Menschen‹ in Reclams Universal Bibliothek Leipzig. Das kulturhistorische Zeugnis ersten Ranges — als solches wird es deklariert — kann hier unberücksichtigt bleiben. Erwähnt sei nur, daß Knigges aufklärerisches Werk ebenfalls sehr schnell vergriffen war.

10 *Schweickert* und *Hold*, a. a. O., S. 8.

11 Herbert *Zerle:* Sozialistisch leben. Verlag Volk und Wissen, Berlin 1964, S. 117.

12 Vgl. *Dänhardt*, a. a. O., S. 24.

13 *Zerle*, a. a. O., S. 118.

14 Karl *Marx:* Der historische Materialismus. Die Frühschriften. Alfred Kröner Verlag, Leipzig 1932, 1. Bd., S. 275.

15 *Dänhardt*, a. a. O., S. 27.

16 *Smolka*, a. a. O., S. 18.

17 Ebenda.

18 Ebenda.

19 *Smolka*, a. a. O., S. 12.

20 *Smolka*, a. a. O., S. 221.

21 Vgl. *Schweickert* und *Hold*, a. a. O., S. 88.

22 Zit. nach *Zerle*, a. a. O., S. 8; vgl. auch W. *Ulbrichts* Rede zum V. Parteitag.

23 *Schweickert* und *Hold*, a. a. O., S. 14.

24 *Schweickert* und *Hold*, a. a. O., S. 17 und *Dänhardt*, a. a. O., S. 68.

25 *Schweickert* und *Hold*, a. a. O., S. 59.

26 Alle Zitate aus *Schweickert* und *Hold*, a. a. O., S. 197 f.

27 *Schweickert* und *Hold*, a. a. O., S. 9.

28 Vgl. *Friedrich*, a. a. O., S. 106 f.

29 *Dänhardt*, a. a. O., S. 336.

30 *Smolka*, a. a. O., S. 30.

31 *Dänhardt*, a. a. O., S. 206.

32 *Smolka*, a. a. O., S. 324.

33 Vermerkt sei, daß sich auf der anderen Seite in kapitalistischen Ländern die Bourgeoisie proletarische Traditionen aneignet, wenn sie auf der Jagd nach modischen Neuheiten zum Beispiel die Ballonmütze ›kreiert‹.

34 Alle Zitate aus *Smolka*, a. a. O., S. 325.

35 Alle Zitate aus *Schweickert* und *Hold*, a. a. O., S. 212.

36 Hans Magnus *Enzensberger:* Glosse zu einem alten Text, in: Kursbuch 14, Frankfurt a. M. 1967, S. 335. Das Problem ›Autorität in

der DDR‹ wäre einer genaueren Untersuchung wert, die hier nicht geleistet werden kann und soll.

37 Vgl. Hanns-Peter *Herz:* Freie Deutsche Jugend. Juventa Verlag, München 1965, S. 121.
38 Vgl. Peter *Ludz:* Die Zukunft der DDR, in: Die Zeit, Nr. 14, 10. 10. 1969.
39 *Friedrich,* a. a. O., S. 115.
40 Alle Zitate aus *Smolka,* a. a. O., S. 49.
41 *Schweickert* und *Hold,* a. a. O., S. 34.
42 Titel eines Films von Hellmuth Costard.·
43 Vgl. *Smolka,* a. a. O., S. 19.
44 Vgl. Rudolf *Maerker:* Jugend im anderen Teil Deutschlands. Juventa Verlag, München 1969, S. 122 ff.
45 Vgl. Franz *Loeser:* Deontik. Planung und Leitung der moralischen Entwicklung. Deutscher Verlag der Wissenschaften, Berlin 1966.

Wiltrud Ulrike Drechsel:
Die emanzipativen Intentionen
des Freyherrn Knigge

Der mißverstandene Knigge

»Gegen Vornehme und Reiche betrage man sich mit derjenigen
Ehrerbietung und Unterwerfung, die man ihnen schuldig ist;
die Geringern und Untergebnen gewöhne man, daß sie nicht
vergessen, wer sie und wer wir sind!«

»Aller Orten soll man es mit der herrschenden Parthey halten
und in jedem Streite das Interesse des stärkern Theils ergreifen.«

»Wenn Fremde kommen, muß alles rein im Hause seyn.«

»Das Gegenwärtige und Künftige ist in des Himmels Hand;
aber über das Vergangene können wir recht passend und ver-
ständig raisonniren und es lassen sich darüber viel gute Sachen
sagen, besonders, wie es hätte kommen können, wenn es nicht
so gekommen wäre, wie es gekommen ist.«

»Leute, die nichts als Talente, Geschicklichkeit und was man
Verstand nennt, aber keinen Rang und Titel haben, mögen
ganz gute Leute seyn, aber sie gehören nicht in vornehme Gesellschaften.«

»Man halte fest an den alten Sitten und Meynungen unserer
Väter, welche die Weltmenschen abscheulicherweise Vorurtheile
und Bocksbeutel zu nennen pflegen!«

»Im Ganzen aber taugt das Bücherschreiben nicht; es kömmt
nichts dabei heraus, als das allerley naseweise Wahrheiten unter
solchen Menschenclassen ausgebreitet werden, die ohne diesen
Unfug gänzlich in unsrer Gewalt bleiben würden.«

»Kutscher und Informatorn werden gewöhnlich ins Hinterhaus
logirt, damit man keinen Lerm und Tabacks-Gestank in seiner
Nachbarschaft habe.«

»Mehr als dreymal aber soll man sich nicht wecken lassen; Wer
dann wiederum einschläft, der versündigt sich an seinen Dome-
stiken, die man nicht unnützerweise quälen muß.«

»Das, was die hochfahrenden Weltmenschen Originalität nennen,
ist eine eigensinnige, alberne Gemüthsart, womit man nicht weit
kömmt.«[1]

Der Katalog der Vorschriften über Sitte und Anstand ließe sich fortsetzen, ohne daß die Faustregeln dabei an Schafsköpfigkeit verlören. Da haben wir ihn also, *den* ›Knigge‹ — denn von ihm stammen diese Sätze! —, den ›Knigge‹, wie wir ihn uns vorstellen und wie wir ihn etwas mitleidig und dennoch ahnungslos jedem zur Lektüre empfehlen, der die Blumen im Papier überreicht, zum falschen Besteck greift oder im unpassenden Anzug erscheint.

›Knigge‹ ist heute noch ein Synonym für einen Kanon gesellschaftlicher Spielregeln, die, einstmals höfische Etikette, von den späteren Arrivierten als ›guter Ton‹ kopiert worden sind. ›Knigge‹ sagt man und meint damit ein Kompendium bürgerlichen Wohlverhaltens, das unter dem Signum der ›feinen Lebensart‹ lehrt, wie man denen, die ›oben‹ sind, am besten abguckt, was sie nach ›oben‹ gebracht hat. ›Knigge‹ sagt man und meint jenes Sammelsurium von arroganter Gespreiztheit und bornierter Mißachtung, das als ›sicheres Auftreten‹ den Erfolg in der guten Gesellschaft garantieren soll. ›Knigge‹ sagt man und meint damit schließlich sogar noch die kleinbürgerlichen ›guten Manieren‹, die eine etwas altmodische, aber immerhin aufgeräumte, heile Welt der Saubermänner vorspiegeln und als ›ordentliches Betragen‹ dafür sorgen, daß eine Ordnung auch noch von denen akzeptiert und heilig gehalten wird, denen sie nicht nützt.

Und doch sind Assoziationen dieser Art grundfalsch! Ob man den ›Knigge‹ ernst nimmt als vorteilhaftes Regelbuch für sicheres Auftreten auf dem gesellschaftlichen Parkett, ob man ihn ironisiert als das Anstandsbuch des kleinen Mannes — gleichviel, dem wirklichen Knigge wird man weder im einen noch im anderen Fall gerecht. Er ist weder der Protokollchef unserer Urgroßeltern gewesen noch wollte er nach Art gewissenhafter Benimmbuchautoren einen Hauch von Nerz über ansonsten recht nerzlose Verhältnisse stäuben. Die zu Beginn zitierten Sätze stammen nicht aus seinem berühmten Buch über den Umgang mit Menschen. Sie stehen in »Des seligen Herrn Etatsraths Samuel Conrad von Schaafskopf hinterlassenen Papieren«, die Knigge 1792 veröffentlichte, in dem Kapitel über »die

Reden, Gewohnheiten, feine Lebensart, Vergnügungen und Liebhabereyen« der Mitglieder des uralten, ehrwürdigen und höchst einflußreichen Pinselordens! Solange die Fäden der großen und der kleinen Politik bei den Mitgliedern des geheimen Pinsel-Ordens zusammenlaufen, solange die Herrschenden dem »einreissenden Freyheitstriebe« und dem »freyen Unwesen der menschlichen Vernunft«[2] den Kampf ansagen und alle verfügbaren Gewaltmittel einsetzen gegen jene Aufgeklärten, die im Namen der Vernunft die Verwirklichung von Freiheit und Gleichheit verlangen, solange, meinte der kritische Knigge, könne man über Anstand und Höflichkeit kein Rezeptbuch für Wohlverhalten, sondern allenfalls eine politische Satire schreiben. Er schrieb sie mit bissiger Ironie.

Daß man heute seinen Namen in Verbindung bringt mit dem Kodex ›gepflegter Umgangsformen‹, wie sie in Benimmbüchern empfohlen, in Tanzstunden eingeübt und bei sogenannten ›gesellschaftlichen Anlässen‹ demonstriert werden, spricht nicht gegen den hannoverschen Freiherrn, möglicherweise aber gegen die, die sein Buch so billig zum »Complimentier-Buch« entschärft haben. Schaut man sich den politischen Schriftsteller und engagierten Parteigänger der bürgerlichen Revolution von 1789 näher an, so möchte man argwöhnen, dieses Mißverständnis sei weniger ein bloßer Zufall in der Geschichte des Bürgertums als vielmehr ein charakteristischer Ausdruck einer historischen Tendenz.

Höflichkeit als politisches Problem

Die Probleme des gesellschaftsfähigen Verhaltens, die Schwierigkeiten der konventionellen Formen, in denen Menschen in einer Gesellschaft miteinander verkehren, beschäftigten die kritischen Geister des 18. Jahrhunderts nicht weniger als uns heute.

Im Unterschied zu Ansichten, wie man sie heute antrifft, gingen die Schriftsteller dieser frühbürgerlichen Epoche nicht von der optimistischen Annahme aus, daß man auf

74

dem Weg über gesittete Umgangsformen eine menschlichere Gesellschaft zustande bringen könne. Anders als ihre Nachfahren, die nur allzuoft meinen, daß guter Ton eine Therapie für schlechte Verhältnisse sei, konstatierten Montesquieu, Voltaire, Rousseau oder Diderot, daß die in einer Gesellschaft gültigen Normen keineswegs deren Harmonie hervorbringen, sondern deren innere Widersprüche und Konflikte spiegeln. Da Höflichkeit und Anstand sich in Japan anders ausnehmen als in Rom, da die Mode von Paris nicht die von Peking ist,[3] meinten sie, es sei müßig, sich über den Wert oder Unwert eines Brauchtums oder einer Verhaltensregel an sich zu streiten, solange man die viel wichtigere Frage nicht bedacht hat, wem bestimmte Formen des gesellschaftlichen Umgangs nützen und zu wessen Vorteil oder Schaden sie aufrechterhalten werden. In den zahlreichen Utopien vom guten Willen mündete die Frage nach Anstand und Sitte in die gesellschaftskritische Reflexion über die Legitimation von Herrschaft und Macht, in der Französischen Revolution erwies sich die Frage nach den Spielregeln der Höflichkeit als die Frage nach einer gesellschaftsverändernden Praxis.

Betrachten wir zunächst die literarische Provokation:

In fernen Ländern wie im fiktiven Felizien, auf glücklichen Inseln wie auf Tahiti leben Völker, deren Sitten mit denen der zivilisierten Nationen Europas keinerlei Ähnlichkeit haben. Die liebenswürdigen, gastfreundlichen, sanften Tahitianer, die in Diderots »Nachtrag zu Bougainvilles Reise«[4] geschildert werden, kennen weder Krieg noch Religion; Ehrgeiz, Geltungsstreben, Herrschsucht oder Grausamkeit sind ihnen ebenso fremd wie Mißtrauen, Konkurrenzneid oder Angst. Auf eine hierarchische Ordnung der Gesellschaft haben sie ebenso entschieden verzichtet wie auf alle Regelungen, die Privateigentum an Menschen oder Sachen begründen. Keine Obrigkeit wacht über die Einhaltung der guten Sitten, denn zur Ahndung der Verstöße genügt die allgemeine Mißbilligung. Niemand maßt sich an, die Intimbeziehungen der Tahitianer für legal oder illegal zu erklären, und daß in Europa nur die Einehe erlaubt sein soll, erscheint ihnen genauso unbegreiflich wie

Zölibat oder Inzestverbot. In ihrem ungebrochenen Freiheitsgefühl können sie in den Bräuchen und Gesetzen, von denen ihnen der Reisende aus Europa berichtet, nur willkürliche Fesseln sehen. Empörung oder Verachtung empfinden sie für den widerwärtigen Zwang, den Menschen in den zivilisierten Ländern im Namen von Sitte und Anstand anderen Menschen antun, damit sie sich um so leichter und williger beherrschen lassen. Mitleidig bedauern sie den Fremden, der unter solchen Zwängen leben muß und gar noch meint, dabei froh sein zu können.

Nicht daß Diderots glückliche Tahitianer *keine* Konventionen haben — sie haben durchaus dauerhafte Verhaltensregeln und erfinden ihre Umgangsformen keineswegs spontan immer wieder neu! —, sondern daß sie *menschliche* Konventionen haben, die die Befriedigung von Bedürfnissen gestatten, anstatt sie zu bestrafen, die den Schutz des physisch Schwächeren vor dem Stärkeren gewährleisten, anstatt den Schwachen einem ungleichen Konkurrenzkampf auszuliefern, und die nicht zuletzt die Menschen im gemeinsamen Genuß einander verbinden, anstatt sie gegeneinander aufzubringen, macht den Unterschied dieser hedonistischen Utopie zur europäischen Zivilisation aus.

Doch wozu eigentlich, so möchte man fragen, dieses ›Zurück zur Natur‹? Wozu den zivilisatorischen Sündenfall literarisch bedauern, wenn er doch praktisch irreparabel ist? Und wozu überdies eine Utopie, die doch nur im fabulösen Nirgendland realisierbar ist?

Mit Einwänden auf dieser Ebene macht man sich die Kritik zu leicht. Die Fiktion vom ›guten Wilden‹ hat mit der blinden Verherrlichung einer vermeintlich urwüchsigen Natur nichts gemein, und wenn die aufgeklärten Philosophen sich ihrer bedienten, waren sie von naiv-romantisierender Naturtümelei und sentimentalem Lamentieren weit entfernt. Für sie und für ihre Leser besaßen diese Utopien einen höchst realen Sinn, und darüber hinaus ein beachtliches Quantum von politischem Explosivstoff, denn sie trafen ins Schwarze der Zivilisation: sie dienten als kritischer Gegenentwurf angesichts einer Gesellschaft, in der mit dem Eigentum die Ungleichheit und mit der Ungleich-

heit — trotz aller zivilisatorischen Errungenschaften! —
die Korruption und die Perversion der Moral entstanden
waren. Die Zivilisierung des Menschen, so behaupteten die
Utopisten, sei in Wahrheit eine gewalttätige Brechung seiner Natur, und damit man auf diesen Gewaltakt nicht allzu stolz werde, fügten sie in aller wünschenswerten Deutlichkeit hinzu, daß, was dabei zu Bruch geht, nichts Ge-
ringeres sei als Menschlichkeit und Glück.
Ihre These, daß Anstand nur in einer anständigen Welt
Bestand haben könne, war radikal und revolutionär zugleich; sie denunzierten die vorgebliche Anständigkeit der
geltenden Spielregeln, indem sie den Vorwurf der Unanständigkeit weitergaben an die, die von den unanständigen
Verhältnissen profitierten.
An diesem dialektischen Zusammenhang von Anstand und
Politik, von gutem Ton und gerechten Verhältnissen, hat
das Bürgertum, als es in der Französischen Revolution
seinen politischen Anspruch formulierte, noch festgehalten.
Mit den Adelsprivilegien fallen die Adelstitel, und im
Nationalkonvent ersetzt man das aristokratische ›Mon-
sieur‹ durch die neue Anrede ›Citoyen‹. Damit Anständigkeit und Gerechtigkeit nicht länger auseinanderklaffen,
verlangt Saint-Just:

*»Pour réformer des moeurs, il faut commencer par contenter le
besoin et l'intérêt; il faut donner quelques terres à tout le
monde.«*[5]

Der enge Freund Robespierres und brillante Theoretiker
der Jakobiner, der mit Formulierungen von einschneiden-
der Schärfe und kristallener Transparenz die revolutionäre
Situation eingefangen hat, schließt seine erste staatstheo-
retische Abhandlung mit den lapidaren Sätzen:

*»Quand tous les hommes seront libres, ils seront égaux; quand
ils seront égaux, ils seront justes. Ce qui est honnête, se suit de
soi-même.«*[6]

Ihm war an einer Revolution der Gesinnungen mindestens
ebenso gelegen wie an einer Umwälzung des Staatsappa-

rates; aber er spürte mit jener intellektuellen Sensibilität, die man im Bild des jakobinischen Terroristen so oft unterschlagen hat, daß das eine ohne das andere entweder in verschleierter Unterdrückung oder in offener Brutalität enden würde. Der 26jährige Revolutionär, der schrieb, daß er sich umbringen wollte an dem Tag, an dem er sich eingestehen müßte, daß es unmöglich sei, dem französischen Volk eine sanfte, energische, sensible und gegenüber Tyrannei und Ungerechtigkeit unerbittliche Moral zu geben, kann Grobheit weder rechtfertigen noch verurteilen, weil er sie als die Grobheit der Unterdrückten erkennt; doch er hofft, daß es bei ihr nicht bleibe:

»La grossièreté est une sorte de résistance à l'oppression. La douceur est compagne de la fierté de l'homme libre.«[7]

Dem falschen Glanz des höfischen Zeremoniells, der lächerlichen Preziosität der feinen Gesellschaft setzen die Republikaner die Demokratisierung der Höflichkeit, eine betonte Einfachheit, Schlichtheit und aufrichtige, offene Gradheit entgegen. Patriotismus, verstanden als aktives politisches Engagement für den neuen, demokratischen Staat, zählt mehr als Urbanität und ›private Tugenden‹. Die Versuche, Umgangsformen zu schaffen, in denen sich die neu gewonnene ›fraternité‹ ausdrücken und bewahren läßt, reichen von der Erziehung der Kinder, die in Gruppen Kooperation und Solidarität einüben, bis zur Revision des Kalenders, die die kirchlichen Feste abschafft und statt ihrer Nationalfeiern einführt, bei denen die republikanischen Tugenden — Liebe zur Gleichheit und zur gemeinsamen Arbeit, Freiheitsbegeisterung, Ehrfurcht vor dem Alter, Mitgefühl mit dem in Unglück oder Not Geratenen — gepriesen werden.

Die Pariser Volksbewegung geht weiter als die Jakobiner in der Nationalversammlung. Den Sans-culotten genügt die offizielle Propagierung neuer Rituale nicht. Sie praktizieren den provokatorischen Verstoß gegen die Konvention. Sie ignorieren die Rangzeichen in der Armee, sie gehen selbstbewußt inmitten der Reichen auf den eleganten Pariser Boulevards spazieren, auf denen man auf einmal, wie ein Beobachter verwundert feststellt, »mehr Mützen als Hüte« sieht. Sie verlangen das brüderlich-egalitäre ›du‹, das 1793/94, auf dem Höhepunkt der sans-culottischen Bewegung, die gebräuchliche Anrede in den Sektionen und in den städtischen und staatlichen Ämtern wurde; sie fordern eine Entschuldigung, wenn man es ihnen vorenthält, und sie riskieren ein Handgemenge, wenn der General sich im Café von dem einfachen Bürger nicht duzen lassen will.[8]

Vorurteilslosigkeit und Familiarität, die sie in ihrer Sektion zum gültigen Ton gemacht haben, führen sie auch in die politischen Auseinandersetzungen ein. Dabei dienen ihnen die planmäßige Stilverletzung und die ostentative Ironie als wirksame Mittel. Der Kampf für die materielle und rechtliche Gleichstellung der unverheirateten Frau und des unehelichen Kindes gehört als eine Konsequenz der sozialen Situation in den Pariser Armenvierteln und als konkreter Ausdruck der revolutionären ›fraternité‹ zu den vorrangigen Programmpunkten der Sans-culotten. In einer sans-culottischen Petition erklärt der Verfasser, er sei »bâtard de père en fils et père de six enfants dont la mère n'a jamais fréquenté le mariage, ce qui n'empêche pas le ménage d'aller bon train et les marmots de pousser comme si le notaire et le curé y avaient passé.«[9]

Edmund Burke, der englische Konservative ›malgré lui‹, den Knigge einen Sophisten mit großen Talenten genannt hat, warnte eindringlich vor den Folgen des revolutionären Experiments, und seine Warnungen fanden zu Knigges Bestürzung in Deutschland eine breite Resonanz.[10] Längst vor den schockierenden Aktionen der Sans-culotten sah Burke in dem Angriff auf tradierte Vorrechte und auf unkontrollierte Macht nicht allein die Zerstörung politischer Strukturen, die Aufhebung von wohlerworbenen Rechten und die Vernichtung von wohlerworbenem Eigentum, sondern vor allem das Ende von Anstand und Moral. Doch seine Befürchtung, daß die Revolution mit den etablierten Mächten und mit dem Eigentum zugleich überkommene Sitte und bewährten Anstand in einem gewaltigen Sturm hinwegfegen würde, erwies sich recht bald als unbegründet.

Der jakobinische Versuch, mit den Mitteln des ›roten‹ Schreckens die Vernunft gegen das Vorurteil und die Solidarität gegen die Herrschaft durchzusetzen, schlug fehl. Auf den ›roten‹ Schrecken Robespierres folgte der ›weiße‹ der Thermidorianer, und bald nach dem 9. Thermidor bemaß sich der Anstand wie das Wahlrecht wieder nach dem Besitz.

Das sans-culottische ›du‹ verschwand; die ›jeunesse dorée‹ bestimmte das Straßenbild von Paris, und in den oft recht gemischten Gesellschaften der Salons fanden die neureichen Spekulanten den Anschluß an die ›gute Gesellschaft‹ der alten Bürgerfamilien und des Adels. Dort formierte sich die bestimmende Schicht des kommenden Jahrhunderts. Man gab sich extravagant und pflegte den Sinn fürs Makabre: wenn die Familien zum Gedenken ihrer guillotinierten Angehörigen einen ›bal des victimes‹ veranstalteten, erschienen die Gäste mit einem feinen roten Seidenfaden am Hals.[11]

Knigges Ausgangspunkt: das Scheitern der Vernunft in der Gesellschaft

Knigge hält die Ungeschicklichkeiten und Verbogenheiten des schrulligen Sonderlings, etwa des weltfernen Stubengelehrten, der »in seinem 30 Jahre alten Bräutigamsrock« in eine mondäne Gesellschaft gerät, wo er unbeholfen und vergebens nach dem Gesprächsfaden sucht und für seine Verlegenheit bestenfalls den Spott der besser Angepaßten erntet, für Randphänomene. Die »schalen Köpfe« aus dem »vornehmen oder geringen Pöbel«, die vom Geistreichen die Anpassung an ihr Niveau und an ihre Langeweile verlangen, indem sie ihm die Rolle des unterhaltsamen Hofnarren aufnötigen, interessieren ihn nicht. Nicht einmal der »Zyniker« mit seinem »Hottentotten-Systeme«, der sich über Konvenienz und Gefälligkeit hinwegsetzt, oder das »Kraft-Genie«, das einen Freibrief für seine Verstöße gegen Sitte, Anstand und Vernunft zu haben meint, gehören ins Zentrum einer Diskussion über die Umgangsformen. Denn was den Umgang mit Menschen problematisch macht, sind gar nicht die Mängel der Anpassungstechniken oder die anstößigen Abweichungen von der geltenden Norm. Das Problem liegt vielmehr in der Norm selber: Umgang mit Menschen ist problematisch, weil Vernunft in der Gesellschaft scheitert.

»Wir sehen die klügsten, verständigsten Menschen im gemeinen Leben Schritte tun, wozu wir den Kopf schütteln müssen; Wir sehen die feinsten theoretischen Menschenkenner das Opfer des gröbsten Betrugs werden; Wir sehen die erfahrensten, geschicktesten Männer, bei alltäglichen Vorfällen, unzweckmäßige Mittel wählen; sehen, daß es ihnen mißlingt, auf andere zu wirken, daß sie, mit allem Übergewichte der Vernunft, dennoch oft von fremden Torheiten, Grillen und von dem Eigensinne der Schwächern abhängen, daß sie von schiefen Köpfen, die nicht wert sind, mit ihnen verglichen zu werden, sich müssen regieren und mißhandeln lassen, daß hingegen Schwächlinge und Unmündige an Geist Dinge durchsetzen, die der Weise kaum zu wünschen wagen darf; Wir sehen manchen Redlichen fast allgemein verkannt. ....«[12]

Worin liegen die Ursachen dieser fatalen Symptome? Knigge weiß, daß der Umgang mit Menschen nicht in einem gepflegten Garten stattfindet, in dem die schönen Blumen affektiver Spontaneität, mitmenschlichen Wohlwollens und allseitiger Harmonie blühen, sondern unter recht handfesten politischen und sozialen Bedingungen, die die Formen des Umgangs nicht weniger deformieren als die Menschen, die miteinander Umgang haben. Deshalb führt er die Schwierigkeiten des Umgangs nicht auf mangelnde Disziplinierung, Traditionsverlust oder gar moralische Dekadenz zurück, sondern auf gerade jene Momente der politischen und gesellschaftlichen Verfassung Deutschlands, die die progressiven Köpfe des Bürgertums damals als die irrationalen, aber höchst wirksamen Bremsen des Fortschritts beklagten. Ja, er meint sogar, in keinem Land Europas sei ein allgemeiner Konsens über Umgang und Umgangsformen so schwer zu erreichen wie derzeit in Deutschland, wo die unübersteigbaren Schranken zwischen den Ständen, die territoriale Zersplitterung und die divergierenden Interessen vielfachen Zwang, Falschheit, Verdächtigungen und Leiden hervorrufen. Unterschiedlicher Konversations-Ton, unterschiedliche Erziehungsart, unterschiedliche Religion und unterschiedliche Meinungen, die insgesamt die Verständigung erschweren oder überhaupt unmöglich machen, sind nur der Ausdruck tieferliegender politischer und gesellschaftlicher Unterschiede; sie resultieren aus der »Mannigfaltigkeit des Interesses der deutschen Staaten gegeneinander« und aus dem »sehr merklichen Abstande der Klassen in Deutschland voneinander, zwischen denen verjährtes Vorurteil, Erziehung und zum Teil auch Staatsverfassung eine viel bestimmtere Grenzlinie gezogen haben, wie in anderen Ländern«.[13]

»Wo hat mehr wie in Deutschland die Idee von sechzehn Ahnen des Adels wesentlich moralischen und politischen Einfluß auf Denkungsart und Bildung? Wo greift weniger allgemein, wie bei uns, die Kaufmannschaft in die übrigen Klassen ein? ... Wo macht mehr wie hier das Corps der Hofleute eine ganz eigene Gattung aus, in welche hinein, so wie zu der Person der meisten Fürsten, nur Leute von gewisser Geburt und gewissem Range sich hindrängen können? Wo durchkreuzen sich mehr Arten von Interesse?«[14]

Knigges Charakteristik der Lage beschreibt recht anschaulich das Dilemma des Bürgers, der zwar — sofern er über Bildung und Kapital verfügt — die wirtschaftliche und teilweise auch schon die politische Machtstellung des Adligen unterlaufen kann, aber dennoch an den geburtsständischen Prärogativen und an dem gesellschaftlichen Prestige des Adels nicht teilhat. Die — verglichen mit dem Adel oder mit dem Bauernstand — außerordentlich diffuse Struktur und unpräzise Konturierung des dritten Standes in Deutschland erschwerten die Entwicklung eines ausgeprägt bürgerlichen Selbstbewußtseins und verhinderten das Entstehen spezifisch bürgerlicher Verhaltensmodelle. Die Orientierung an den herrschenden Schichten, das heißt am Adel, gelang dem Bürger nur partiell und blieb mit Diskriminierung verbunden.[15] Für jene Selbstsicherheit, Individualität und Originalität des Verhaltens, die Knigge statt vorgegebener Schablonen im geselligen Verkehr end-

lich gestattet sehen möchte, war unter diesen verunsichern-
den Bedingungen kein Raum.

Aufschlußreich ist in diesem Zusammenhang Knigges Hinweis aufs Interesse, weil er zeigt, in welche politische Richtung sein Denken tendiert. Soziale Konventionen, die von
allen akzeptiert und praktiziert werden sollen, setzen voraus, daß es ein gemeinsames, die ständischen und regiona-
len Sonderinteressen übergreifendes Interesse gibt. Gäbe
es in Deutschland eine Nation mit gemeinsamen politischen
und gesellschaftlichen Zielen, gäbe es »allgemeine Natio-
nalbedürfnisse«, »Volksangelegenheiten«, »Vaterlandsnut-
zen« wie in England, wo das Bemühen um »Aufrechterhaltung der Constitution, Freiheit und Glück der Nation,
Flor des Vaterlandes« die Bürger vereint, gäbe es ein »ein-
ziges, allen Gliedern wichtiges Interesse« wie in der Schweiz
oder wenigstens ein politisches Zentrum wie in den Monar-
chien, wo allerdings »eine allein herrschende Religion«,
ein »tyrannisches Klima« die Denkungsart, den Ton und
die Stimmung der Bürger vereinheitlichen[16] — kurzum:
wäre man nicht in Deutschland so heillos hinter der politischen und gesellschaftlichen Entwicklung zurückgeblieben,
dann könnte sich auch der Umgang mit Menschen befrie-
digender, glücklicher gestalten. Wo aber, wie in Deutschland, die partiellen Interessen so gegensätzlich gelagert
sind und jegliches übergeordnete, gemeinsame Interesse
fehlt, da müssen Interessengegensätze zu harten Macht-
konflikten werden, die sich nicht mit Anstandsregeln ver-
kleistern lassen, sondern mit offener oder versteckter Gewalt ausgetragen werden.

Die Strategie der Höflichkeit

Mehrfach betont Knigge, daß, wer im Konfliktfeld des
Umgangs überleben will, lernen muß, sich dem jeweiligen
Ton der Gesellschaft anzupassen, in der er sich befindet.[17]
Sich grundsätzlich am Schlagwort von dem ungezwunge-
nen, ›natürlichen‹ Benehmen zu orientieren, wäre ebenso
naiv wie der Vorsatz, das steife Zeremoniell der Förm-

lichkeiten in jeder Lage peinlich zu beachten. Wenn Knigge jedoch das genaue Einhalten der gesellschaftlich sanktionierten Spielregeln empfiehlt, so tut er es, weil er weiß, daß die Rituale der Höflichkeit für den, der sie wirklich beherrscht, ein Schutz vor Unterdrückung werden können. Diese Höflichkeit, die Knigge den Bürger nicht als Selbstzweck, sondern als Instrument der Selbstverteidigung lehren möchte, weist allerdings Charakteristika auf, die der gutbürgerliche Ton von heute ins Gegenteil verkehrt hat. Auch bei Knigges Höflichkeit gibt es eine Grenze, jenseits derer die ›Gesellschaftsfähigkeit‹ der Bezugspersonen aufhört, aber erstaunlicherweise zieht der von Knigge propagierte Anstand diese Grenze nicht unterhalb, sondern oberhalb der eigenen Position.

Beim »Umgang mit Geringen« fällt auf, daß die Verkehrsformen hier ostentativ an einem anderen Maßstab als dem der sozialen Rangordnung ausgerichtet werden. Anstatt eigene Überlegenheit mehr oder weniger dezent anzudeuten, indem man kränkende Herablassung zeigt, eine lächerliche »Protektions-Miene« aufsetzt oder Höflichkeit wie ein mildtätiges Almosen spendet,[18] verlangt Knigge, daß man Ernst macht mit dem bürgerlichen Prinzip der Leistungsgerechtigkeit und Leistung und Verdienst ohne Ansehen des Standes oder des Geldbeutels honoriert:

»*Man sei höflich und freundlich gegen solche Leute, denen das Glück nicht gerade eine so reichliche Summe nichtiger zeitlicher Vorteile zugeworfen hat, wie uns, und ehre das wahre Verdienst, den echten Wert des Menschen, auch im niedern Stande! ... Man vernachlässige nicht, sobald ein Größerer gegenwärtig ist, den Mann, den man unter vier Augen mit Freundschaft und Vertraulichkeit behandelt, schäme sich nicht, öffentlich den Mann vor der Welt zu ehren, der Achtung verdient, möchte er auch weder Rang, noch Geld, noch Titel führen!*«[19]

Der frühbürgerliche Leistungsbegriff, eingeführt, um Anspruch zu erheben auf ein Recht, das den Oberen angeboren ist, enthält ein egalisierendes, demokratisches Moment. Unter dem gleichen Gesichtspunkt verurteilt Knigge die Geringschätzung, mit der ›man‹ den niederen Ständen,

den Bauern und Handwerkern, begegnet, obgleich sie zu den nützlichsten Personen im Staat gehören:

»Was hat ein müßiger Hofschranze, was hat ein reicher Tagedieb, der um sein bares Geld sich Titel und Rang erkauft hat, vor dem fleißigen Bürger voraus, der seinen Unterhalt auf erlaubte Weise durch seiner Hände Arbeit erwirbt?«[20]

Die unmittelbare Abhängigkeit, wie sie im Verhältnis des Herrn zum Diener besteht, nimmt Knigge nicht als ein natürliches, sondern als ein gesellschaftliches Verhältnis. Er sieht, daß die Demoralisierung, die dieses Verhältnis erzeugt, beide trifft, den Herrn wie den Knecht. Deshalb möchte er es rückverwandeln in das Altvorderenverhältnis des Hausvaters zu seinen Hausgenossen, das, als ein erzieherisches gedacht, die brutale Ausbeutung auf der einen und den listigen Betrug auf der anderen Seite nicht kennt, sondern die »echten Begriffe von wahrer Freiheit« bewahrt. Er selbst scheint freilich die Aussichten dieses Vorhabens nicht sehr hoch eingeschätzt zu haben, fordert er doch den Diener, der einem undankbaren, harten, ungerechten Herrn dienen muß, auf, aus Klugheit folgsam zu sein, sich aber dieser Lage zu entziehen, sobald er kann, und kühn und fest die öffentliche Herstellung seiner verletzten Ehre und seines guten Rufs zu verlangen.[21]

Vom Tauschprinzip, das unter der Parole ›wie du mir, so ich dir‹ zum Leitmotiv der feinen Gesellschaft geworden ist, wo man Höflichkeiten ›austauscht‹ und dabei auf Gewinnmaximierung achtet, wo man auf konsequente ›Gegenseitigkeit‹ sieht und der gesellige Umgang Befriedigung nur verschafft, wenn er die ausgeglichene Bilanz eines gut geführten Unternehmens aufweist, ist auch bei Knigge die Rede. Das exakte Kalkül der Investitionen und der Rendite des gesellschaftlichen Verkehrs gehört bei ihm allerdings in einen speziellen Zusammenhang: es gilt für den Umgang mit den »Hofleuten«, gegen die Knigge seine schärfsten Attacken reitet.

Während die reale Macht der Regierenden ihm noch einen gewissen Respekt abnötigt, hat er für das »liebenswürdige Hofgesindel« nur Zorn und Verachtung übrig, das ehrliche

Gefühle, Individualität, Wissen und Integrität verpönt und statt dessen Kälte, flachen Konformismus und Impertinenz, zynische Arroganz und sklavische Unterwürfigkeit, Vorurteile und Intrigen belohnt. Der aufgeklärte Anwalt der Bürger läßt seinen Zorn an den Höflingen aus, weil sie sich als Herrschende gebärden, obwohl sie in Wahrheit nur Abhängige sind, weil sie ihre Existenz überhaupt nur mit der Aufrechterhaltung des gesellschaftlichen Scheins rechtfertigen können und alles daransetzen müssen, Aufklärung und deren politische Konsequenzen zu verhindern. Im Verkehr mit dieser »sogenannten großen Welt«, wo man ohnehin keine Freunde, sondern »nur Gesellschafter« findet,[22] verbinde man untadelige Geschliffenheit und reservierte Höflichkeit mit dem Prinzip des Tauschens, weiß man doch, daß hier nicht der Mensch, sondern sein Marktwert geschätzt wird!

»Man messe sein Betragen gegen Hofleute pünktlich nach dem ihrigen gegen uns ab und gehe ihnen keinen Schritt entgegen! Diese Menschengattung nimmt eine Handbreit, wo man ihnen einen Finger breit einräumt. Man erwidere Stolz mit Stolz, Kälte mit Kälte, Freundlichkeit mit Freundlichkeit, gebe aber nicht mehr und nicht weniger, wie man empfängt. . . .«[23]

Während Offenheit und Unvoreingenommenheit den Umgang mit Geringeren kennzeichnen, gilt die herkömmliche Anstandsregel, man solle »sich nicht gemein machen«, bzw. »in seinen Schranken bleiben« für den Umgang mit denen, die in der sozialen Hierarchie höher rangieren als der Bürger.[24] Die eigentlich ›Nicht-Gesellschaftsfähigen‹ sind die Großen und Reichen, denn der Umgang mit ihnen lohnt menschlich nicht:

»Man würde ungerecht handeln, wenn man behaupten wollte, alle Fürsten, alle sehr vornehmen und alle sehr reichen Leute hätten dieselben Fehler miteinander gemein, durch welche viele von ihnen ungesellig, kalt, unfähig zu echtem Freundschaftsbande und schwer zu handeln im Umgang werden; allein man versündigt sich wahrlich nicht, wenn man sagt, daß dies bei den meisten von ihnen der Fall ist.«[25]

Weil sich bei ihnen jedes gesellige Verhältnis unter der Hand in ein Herrschaftsverhältnis verkehrt, ist Vorsicht, ja sogar Voreingenommenheit am Platze:

> »*Sie sehen sich als Wesen besserer Art an, von der Natur begünstigt, zu herrschen und zu regieren, die niedern Klassen hingegen bestimmt, ihrem Egoismus, ihrer Eitelkeit zu huldigen, ihre Laune zu ertragen und ihren Phantasien zu schmeicheln.*«[26]

Ihre Vertraulichkeit wird vom Interesse diktiert. Um sich Demütigungen und Niederlagen zu ersparen, bediene sich der Bürger daher aufs genaueste der »äußeren unterscheidenden Höflichkeit und Ehrerbietung, die man ihrem Stande schuldig ist«. Je strikter man sich an die eingefrorenen Floskeln förmlicher Konventionalität hält, um so leichter fällt es, die überflüssigen Anpassungsleistungen nach oben zu verweigern; denn die getreue Kopie so »herrlicher Vorzüge« wie ihrer Grobheit gegen Niedere, ihrer Kränklichkeit, ihres Podagra, ihrer schlechten Hauswirtschaft und ihrer dummen Launen sind eines Bürgers nicht würdig. Er verteidigt sich gegen die feudale Korruption mit dem selbstbewußten Bürgerstolz seines Standes und schafft sich so nach oben die Distanz, die man heute häufig nach unten übt:

> »*Handle selbständig! Verleugne nicht Deine Grundsätze, Deinen Stand, Deine Geburt, Deine Erziehung; so werden Hohe und Niedere Dir ihre Achtung nicht versagen können.*«[27]

Diese Distanz, die man durch den instrumentellen Einsatz der Höflichkeit gewinnt, hat eine doppelte Funktion: neben dem Selbstschutz, den sie dem Schwächeren vor den Übergriffen des Starken gewährt, ermöglicht sie Kritik. Zu den frühbürgerlichen Anstandsregeln Knigges gehört nicht zuletzt, daß einer die politische Chance nicht verspielt, die ihm der höfliche Umgang mit den Mächtigen verschafft:

> »*Nütze aber die Zeit ihrer Gunst, um sie zur Gerechtigkeit, Treue, Wahrheit und Menschenliebe zu ermuntern! Stimme ihnen nicht bei, wenn sie je vergessen wollen: ›daß sie, was sie*

sind und was sie haben, nur durch Übereinkunft des Volkes
sind und haben: daß man ihnen diese Vorrechte wieder nehmen
kann, wenn sie Mißbrauch davon machen; daß unsere Güter
und unsere Existenz nicht ihr Eigentum, sondern daß alles, was
sie besitzen, unser Eigentum ist, weil wir dafür alle ihre und
der Ihrigen Bedürfnisse befriedigen und ihnen noch obendrein
Rang und Ehre und Sicherheit geben und Geiger und Pfeifer
bezahlen; endlich, daß in diesen Zeiten der Aufklärung bald
kein Mensch mehr daran glauben wird, daß ein einziger, viel-
leicht der Schwächste der ganzen Nation, ein angeerbtes Recht
haben könnte, hunderttausend weisern und bessern Menschen
das Fell über die Ohren zu ziehen‹ . . .«[28]

Es beleuchtet die eigentümliche Tendenz, die wir der bürgerlichen Geschichte zu Beginn unterstellt haben, daß gerade diese Sätze von Knigges späteren Bearbeitern recht
freimütig verändert worden sind. Wo sich Knigge und
seine Zeitgenossen an Rousseaus »Contrat social« erinner-
ten, fällt ihnen die Lehre vom Gottesgnadentum ein. 1888,
in der Ausgabe zum hundertsten Jahrestag des »Umgangs
mit Menschen«, liest sich diese Stelle so:

»Nütze aber die Zeit ihrer Gunst, um sie zur Gerechtigkeit,
Treue, Wahrheit und Menschenliebe zu ermuntern. Stimme
ihnen nicht bei, wenn sie je vergessen wollen, daß sie, was sie
sind, und was sie haben, nur durch die Gnade Gottes *sind und*
haben . . .«[29]

Die Grenzen der Anständigkeit

Die »Kunst . . ., sich ungezwungen in den Ton jeder Gesellschaft einstimmen zu können, ohne weder Eigentüm-
lichkeit des Charakters zu verlieren, noch sich zu niedriger
Schmeichelei herabzulassen . . .«,[30] erfordert ein hohes Maß
von Ich-Stärke und Flexibilität. Souveränität ohne Arroganz, Selbstsicherheit ohne Geltungsbedürfnis, Nachsich-
tigkeit für die kleinen Schwächen und ehrliche Anteilnahme
an den Sorgen der anderen, Großzügigkeit gegenüber den
Unterlegenen und entschiedene Parteinahme für die Dis-
kriminierten, Toleranz gegenüber anderen Meinungen,
aber Unduldsamkeit gegenüber institutionalisierten Vor-

urteilen, Eitelkeit und eingefahrener Langeweile sind die augenfälligen Merkmale jener frühbürgerlichen Anständigkeit.

Freilich erkennt auch Knigge, daß mit solchem Verhalten unter den gegebenen Umständen kein gesellschaftlicher Glanz zu erringen ist, denn dem steht der harte Satz vom gesellschaftlichen Schein entgegen: »Jeder Mensch gilt in dieser Welt nur soviel, als wozu er sich selbst macht.«[31] Verlogenheit, erschlichenes Ansehen und dreistes Übersohrhauen vermögen mehr als ein gutes Gewissen. Macht und Prestige fallen an offenkundige Dummköpfe, und schiefe Genies, Menschen ohne Talent und Kenntnisse überrunden diejenigen, die sich auf das Spiel des Düpierens und Düpiertwerdens nicht einlassen mögen. Wo von vornherein die Erfolgsgarantie für den distinguierten Betrug geleistet wird, »bleibt so mancher Verdienstvolle bis an seinen Tod unerkannt, außer Stand gesetzt, seinen Mitbürgern nützlich zu werden, weil er nicht bettln, nicht kriechen kann.«[32] Ergo:

> »... der Satz, daß jedermann nicht mehr und nicht weniger gelte, als wozu er sich selbst macht, ist die große Panacée für Aventuriers, Prahler, Windbeutel und seichte Köpfe, um fortzukommen auf diesem Erdballe — ich gebe also keinen Kirschkern für dieses Universalmittel. ...«[33]

Also soll man den Schein zerreißen, von sich und von den anderen nur Wahrheit verlangen und voller Verachtung den tapferen Rückzug ins eigene Innere antreten, wo es noch echt und ehrlich zugeht? Ja und nein. Knigge gerät mit seiner Kritik am gesellschaftlichen Schein unwillkürlich in den Zwiespalt der bürgerlichen Moral:

> »... sollte denn jener Satz uns gar nichts wert sein? Ja, meine Freunde! er kann uns lehren, nie ohne Not und Beruf unsere ökonomischen, physikalischen, moralischen und intellektuellen Schwächen aufzudecken. Ohne sich also zur Prahlerei und zu niederträchtigen Lügen herabzulassen, soll man doch die Gelegenheit nicht verabsäumen, sich von seiner vorteilhaften Seite zu zeigen. Dies muß aber nicht auf eine grobe, gar zu merkliche, eitle und auffallende Weise geschehen ...«[34]

Das eine tun, das andere nicht lassen — die bekannte doppelte Moral, derzufolge es anständig ist, Wohltätigkeitsbälle zu veranstalten und Mitbestimmung zu verweigern? Die Analogie ist vorschnell und falsch, denn hinter Knigges Satz verbirgt sich eine andere Strategie. Hinter ihm steckt die realistische und auch heute noch fortschrittliche Überlegung, welche Anpassungsleistungen notwendig und welche überflüssig sind. Seine Feststellung, daß aufrechter Gang unter schiefen Verhältnissen nur allzu oft zu einer wirkungslosen Tugend wird, besagt noch nicht, daß als Anstand uneingeschränkt zu gelten habe, was gesellschaftlichen Erfolg, Macht und Prestige einbringt.

Der aufgeklärte Bürger, der erkennen muß, daß er sich angesichts der politischen und sozialen Gegebenheiten nicht gegen die Klasse der Privilegierten durchzusetzen vermag, hat weder das politische Werkzeug noch die reale Macht, repressiv gewordene Konventionen, Tabus und deren Sanktionen insgesamt zu bestreiten. In seiner psychischen und politischen Vereinzelung, die Knigge so plastisch beschreibt, ermöglicht ihm jedoch die kritische Frage nach der wirklich notwendigen Anpassung, die schmalen Freiräume der Selbstbestimmung und der Anständigkeit festzuhalten und ein brauchbares Instrumentarium wie zum Beispiel die Höflichkeit zu deren Erweiterung zu entwikkeln.

Um solchermaßen in der Öffentlichkeit zu bestehen, ohne dabei die Selbstachtung zu verlieren, wird er eine außerordentlich hohe Frustrationstoleranz aufbringen müssen. Er erwirbt sie, wie Knigge meint, durch ein intensives, reflektiertes Studium des menschlichen Verhaltens, das ihn lehrt, hinter den Boshaftigkeiten und hinter der Gemeinheit der Oberfläche die psychischen Schädigungen zu erkennen und zu verstehen, die die Menschen unter dem Druck der Fremdbestimmung erlitten haben, und den Zwang und die widerstreitenden Interessen zu durchschauen, die ihr Verhalten bestimmen. Zu diesem Lernen beizutragen, ist übrigens der erklärte Zweck von Knigges Buch.

Aber für sein souveränes Selbstgefühl und für seine Ausgeglichenheit zahlt der Bürger letzten Endes einen hohen

Preis. Er vollzieht die Trennung zwischen einer korrupten Sphäre des Öffentlichen und einer anständigen Privatheit, er reduziert die Spontaneität seiner sozialen Kontakte: die Zahl der wirklichen Freunde ist gering. Von vornherein verzichtet er auf den gesellschaftlichen Erfolg und auf die Bestätigung durch die anderen, denn Bestätigung und Befriedigung kann der Anständige in einer unanständigen Welt nur aus sich selber, aus seinem Gewissen gewinnen. Auf der Suche nach herrschaftsfreier Kommunikation und nach repressionsfreien Verkehrsformen zieht er sich in den Raum der Privatheit zurück:

»Wer nicht, seiner Lage nach, schlechterdings dazu verdammt ist, an Höfen, oder sonst in der großen Welt zu leben, der bleibe fern vom Schauplatz des glänzenden Elends, bleibe fern vom Getümmel, das Geist und Herz betäubt, verstimmt und zugrunde richtet! In friedlicher, häuslicher Eingezogenheit, im Umgange mit einigen edlen, verständigen und muntern Freunden, ein Leben zu führen, das unserer Bestimmung, unsern Pflichten, den Wissenschaften und unschuldigen Freuden gewidmet ist, und dann zuweilen einmal mit Nüchternheit an öffentlichen Vergnügungen, an großen, gemischten Gesellschaften teilzunehmen, um für die Phantasie ... neue Bilder zu sammeln und die kleinen, widrigen Gefühle der Einförmigkeit zu verlöschen — das ist ein Leben, das eines weisen Mannes wert ist!«[35]

Wie die Isolierung, die die Gesellschaft über den Anständigen verhängt, so nimmt er auch die Enttäuschungen vorweg, die sie ihm bereitet, indem er seine Erwartungen an die Menschen so weit herunterschraubt, daß er nicht mehr enttäuscht werden kann. Er wendet sich ihnen zwar gelassen zu, aber er nimmt keine Wohltaten, keinen fremden Beistand an, erhofft kein Vertrauen, keinen Dank, keine Zuneigung. Er hat gelernt, nur wenig Bedürfnisse — auch affektive! — zu haben, mäßig zu sein, bescheidene Wünsche zu nähren. ... Seine Bedürfnislosigkeit — die Unabhängigkeit des Ohnmächtigen! — nähert sich der Resignation. Es dürfte nur wenige Bücher über den Umgang mit Menschen geben, die mit ähnlicher Eindringlichkeit vor Illusionen warnen wie Knigges vermeintliches Anstandsbuch:

*»Übrigens rate ich, wenn man sich so weit in seiner Gewalt
haben kann, mit so wenig Leuten wie möglich vertraulich zu
werden, nur einen kleinen Zirkel von Freunden zu haben, und
diesen nur mit äußerster Vorsicht zu erweitern. ... Um ange-
nehm zu leben, muß man fast immer ein Fremder unter den
Leuten bleiben. ...
Ach, es kommen Augenblicke, in denen Du Dich selbst nicht verlassen darfst, wenn Dich auch jedermann verläßt, in welchen
der Umgang mit Deinem Ich der einzig tröstliche ist.«*[36]

Daß sich freilich selbst aus dieser Privatheit die Widersprüche der Gesellschaft nicht heraushalten lassen, zeigt
sich am Beispiel des Verhältnisses der Ehegatten. Einerseits verlangt Knigge gegenseitige Achtung statt der Unterordnung, damit die Ehe nicht zum »Stand der Aufopfe-
rung« wird, andererseits hält er doch dafür, daß die Existenz der »Frauenzimmer« sich einschränkt »auf den häuslichen Zirkel«, während die des Mannes »an den Staat,
an die große bürgerliche Gesellschaft« gebunden ist. Iro-
nisch gesteht er, daß ihn »immer eine Art von Fieberfrost
befällt«, wenn er sich in Gesellschaft einer Dame befindet,
die »große Ansprüche auf Schöngeisterei, oder gar auf Ge-
lehrsamkeit macht«, und über die Ehe heißt es schließlich:

*»Ist es daher möglich, irgendwo bei einem weisen, vorsichtigen
Betragen es miteinander auszuhalten! so ertrage, leide und dulde
man, und vermeide öffentliches Ärgernis!«*[37]

Als Knigge 1788 zum ersten Mal und 1790 in endgültiger
Gestalt sein Buch »Über den Umgang mit Menschen« veröffentlichte, stellte er die Frage nach der Anständigkeit
anders als Diderot oder Saint-Just. Zwar erkennt auch er,
daß eine Theorie des Umgangs mit einer Analyse der Gesellschaft beginnen und in eine Kritik an der Gesellschaft
münden müßte — aber während die Franzosen an dem
emphatischen Anspruch auf Glück und Gerechtigkeit festhalten und ihren radikalen Protest formulieren, resigniert
Knigge, denn in Deutschland herrschen keine französischen
Verhältnisse. Hier steht hinter dem moralischen Problem
der Anpassung an die fremde Unmoral und der Verkrüp-
pelung des Charakters durch die Übernahme inhumaner

Verhaltensnormen das unlösbare politische Problem: die faktische Ohnmacht des Bürgers im Staat. Deshalb ist Knigges vordringliche Frage nicht, wie die Gesellschaft zu ändern sei, damit in ihr humanes Verhalten und Anständigkeit realisierbar werden, sondern wie der einzelne — und insbesondere der Bürger, der sich in verschiedenen Umgebungen zurechtfinden und mit Menschen aus allen Ständen kommunizieren können muß — in ihr mit leidlichem Anstand überleben könne.

Daß er die Frage nach der Anständigkeit einbaut in die viel umfassendere Frage, wie überhaupt aufrechter Gang unter schiefen Verhältnissen möglich sei, macht seine Progressivität aus gegenüber den zahlreichen Werken, die er verächtlich »Complimentier-Bücher« nannte; *wie* er sie einbaut, bedingt aber zugleich die Zwiespältigkeit seiner Lösungsversuche, seinen Rückzug in die Privatheit und seinen Verzicht auf Glück, denn an ein grundlegendes Geraderücken der Verhältnisse, wie man es in Frankreich versuchte und wie er es selbst wenig später aus voller Überzeugung verteidigte, hat Knigge in diesem Buch noch nicht gedacht. Seine bürgerliche Anständigkeit ist Charakterfestigkeit, herausfordernd und resignativ in einem, ein permanenter Balanceakt zwischen notwendiger Anpassung und notwendigem Protest.

Knigge war sich darüber im klaren, daß Anständigkeit sich in einer unanständigen Welt wohl kaum durchs Bücherschreiben würde herstellen lassen. »Noch nie haben Bücherschreiber große Weltbegebenheiten bewirkt«, schrieb er über die Französische Revolution, »sondern die veränderte Ordnung der Dinge wirkt im Gegentheil auf den Geist der Bücherschreiber.«[38] Trotzdem hat er sich dem aufklärerischen Geschäft des Literaten verschrieben und versucht, gegen die Taktiken des Vorurteils eine Strategie der Vernunft zu entwickeln. Dieses Geschäft war zu seiner Zeit (und so, wie er es betrieb!) nicht ganz so unverbindlich, wie wir heute oft vermuten. Seine Grundeinsicht, daß das Interesse den Ton und den Umgang bestimmt, wird heute gern verschwiegen, denn Interesse und vor allem sein offenes Eingeständnis gelten als unfein. In einer Gesellschaft, in der der herrschende Ton der Ton der Herrschenden ist, hat jedoch Knigges ausdrücklicher Hinweis aufs Interesse einen kritischen und emanzipativen Sinn: er enthält ein gutes Stück Aufklärung über die Interessenlage derjenigen, deren Interessen in der ›besseren Gesellschaft‹ zu kurz kommen.

Anmerkungen

1 Adolph *Freyherr Knigge:* Des seligen Herrn Etatsraths Samuel Conrad von Schaafskopf hinterlassene Papiere, von seinen Erben herausgegeben, Frankfurt: Insel-Verlag 1965, S. 60; S. 64; S. 52; S. 66; S. 60; S. 62; S. 40; S. 52; S. 50; S. 61.
2 Ebd., S. 41 und S. 32.
3 *Voltaire:* Dictionnaire philosophique, Paris: Garnier-Flammarion 1964. Art. »Beau, Beauté«, S. 64.
4 Denis *Diderot:* Nachtrag zu »Bougainvilles Reise« oder Gespräch zwischen A. und B. über die Unsitte, gewisse moralische Ideen an gewisse physische Handlungen zu knüpfen, zu denen sie nicht passen, Frankfurt: Insel-Verlag 1965.
5 *Saint-Just:* L'Esprit de la Révolution, suivi de Fragments sur les institutions républicaines, Paris: Union Générale d'Editions 1963, S. 154.
6 Ebd., S. 128.
7 Ebd., S. 144.
8 Albert *Soboul:* Les Sans-culottes parisiens en l'an II, Paris: Librairie Clavreuil 1962, S. 649-677.
9 Ebd., S. 675.
10 Edmund *Burke:* Betrachtungen über die Französische Revolution. In der deutschen Übertragung von Friedrich Gentz, Frankfurt: Suhrkamp Verlag 1967. Knigge erwähnt Burke in seiner Apologie der Revolution »Josephs von Wurmbrand, Kaiserlich abyssinischen Ex-Ministers, jezzigen Notarii caesarii publici politisches Glaubensbekenntniß, mit Hinsicht auf die Französische Revolution und deren Folgen«, Frankfurt: Insel-Verlag 1968, S. 49 f.
11 Georges *Lefebvre:* Les Thermidoriens, Paris: Librairie Armand Colin 1960, S. 47-55.
12 Adolph *Freiherr von Knigge:* Über den Umgang mit Menschen. Nach der 3. Aufl. von 1790 ausgewählt und eingeleitet von Iring *Fetscher,* Frankfurt/Hamburg: Fischer Bücherei 1962, S. 21.
13 Ebd., S. 22-24.
14 Ebd., S. 24 f.
15 Zur Situation des deutschen Bürgertums vgl. Reinhart *Koselleck:* Preußen zwischen Reform und Restauration, Stuttgart: Ernst Klett Verlag 1967, S. 23-149.
16 Umgang mit Menschen, S. 25.
17 Ebd., S. 30; vgl. auch S. 23 f.; S. 152.

18 Ebd., S. 148.
19 Ebd., S. 147.
20 Ebd., S. 178.
21 Ebd., S. 121-124.
22 Ebd., S. 155; vgl. auch S. 148-156.
23 Ebd., S. 154.
24 Ebd., S. 136.
25 Ebd., S. 134.
26 Ebd., S. 134.
27 Ebd., S. 136.
28 Ebd., S. 144.
29 Zitiert nach dem Vorwort von I. *Fetscher:* Umgang mit Menschen, S. 20.
30 Umgang mit Menschen, S. 23.
31 Ebd., S. 34.
32 Ebd., S. 39.
33 Ebd., S. 35.
34 Ebd., S. 35.
35 Ebd., S. 150. Knigge weiß, daß der Verzicht auf die große Welt und die Zufriedenheit der häuslichen Eingezogenheit an Voraussetzungen gebunden sind, die nicht jeder hat. Neben der erforderlichen Charakterstärke und neben dem Mut zur Originalität gehört dazu, daß man »seinen Verhältnissen nach unabhängig« ist.
36 Ebd., S. 50 und S. 59.
37 Ebd., S. 94; S. 58; S. 109; S. 100.
38 Josephs von Wurmbrand ... politisches Glaubensbekenntniß, S. 92.

Hans Tietgens:
Vom Nutzen und Nachteil der Konvention

Erziehung zum Umgang in einer veränderten Gesellschaft

›Der Mief von 1 000 Jahren‹ steckt nicht nur ›unter den Talaren‹. Wir alle leben mitten darin. Er schien unter den Trümmern eines entfesselten und bis zum Exzeß getriebenen Krieges verschüttet. Aber er hat sich wieder breitgemacht: als an den Universitäten nicht gleich nach 1945 Reformen eingeleitet wurden, als man eine moralische Wiederaufrüstung als Antibazillus gegen eine Sowjet-Gefahr für angebracht hielt, als für den Umgang im täglichen Leben der Slogan ›Man benimmt sich wieder‹ um sich griff. Wohl an keiner Erscheinung wird plastischer deutlich, was mit dem Begriff des ›Restaurativen‹ gemeint ist, als an den Spielregeln des zwischenmenschlichen Verkehrs, gleichgültig, ob wir uns die beklemmende Zitatensammlung in dem Beitrag von C. Wolfgang Müller vor Augen halten oder an das Gebaren denken, das ›man‹ sich allerorts vormacht, um ›dazu‹ zu gehören.

Protest und Repression

Sieht man die Entwicklung so, verwundern Protest und Ausbruch von Studenten und Schülern nicht. Wo Konvention und Ritual Spontaneität, Vernunft und Menschlichkeit zu ersticken drohen, wehrt sich etwas in der Jugend, das heißt bei denen, die noch nicht voll sozialisiert sind. Seit einiger Zeit hat diese Gegenwehr eine früher nicht gekannte Perspektive. Sie richtet sich darauf, wie es zu den herrschenden Zuständen, wie es zu den geltenden Verhaltensnormen gekommen ist. Junge Menschen fragen nach dem Politikum, und sie gehen davon aus, daß es mit dem Ökonomischen aufs engste verbunden ist. Während noch vor wenigen Jahren in Analysen und Kommentaren die Verwunderung zum Ausdruck kommen konnte, daß ›die‹ Jugend eine phasenspezifische Rebellion gegen das Althergebrachte, gegen den Lebensstil der Eltern vermissen ließ, muß man seit kurzem feststellen, daß sich der Protest ›plötzlich‹ auf Inhalte und Lebensbereiche bezieht, die auch in jugendbewegten Zeiten kaum der Kritik ausgesetzt waren. Wie ist das möglich geworden?

Genau genommen hat die ältere Generation keinen Anlaß, sich zu wundern. Die Provokation ist von ihr selbst ausgegangen. Die zum Teil handfeste und zum Teil untergründige Opposition ist nur eine Antwort auf die Diskrepanz von Reden und Handeln der älteren Generation. Immerhin war es seit mehr als einem Jahrzehnt offizielle Redensart, Schüler und Studenten aufzufordern, politisch zu sein und kritisch zu werden. Ein Teil von ihnen hat diese Aufforderung entgegen allen Erwartungen ernst genommen. Bei allem Bemühen aber zu diskutieren und zu votieren, mußte der Eindruck entstehen, daß die Ermunterungen dazu ›so nicht gemeint waren‹. Wunsch und Wollen der sich engagierenden Jungen trafen auf zurückweichende Unverbindlichkeit, stießen ins Leere. Das Bedürfnis der Älteren, die Dinge so zu belassen, wie sie sind, war stärker. Die Gründe für ein solches Verhalten zu untersuchen, müßte deshalb aber genauso naheliegen wie das Reißen des Geduldsfadens bei den Jungen.

Demokratie zu heucheln, ist kein Mittel, sie zu verbreiten. Daß ein solcher ›Stil‹ eines Tages Protest hervorrufen muß, konnten allein Zyniker bezweifeln. Die Immobilität an den Hochschulen war nur das offensichtlichste Beispiel für eine Misere, in die sich die ältere Generation selbst gebracht hat. Wenn Worte vergeblich sind, folgen Taten. Und je länger die Worte vergeblich waren, desto schärfer und direkter, desto emotionaler und unreflektierter müssen die Taten ausfallen. Und auch wenn sie ausfällig werden: Wer kein Verständnis dafür hat, stellt sich ein Armutszeugnis aus.

Eine solche Einstellung mit dem Seltenheitswert der Vernunft und der Fantasie für die Situation des ›andern‹ impliziert aber eine weitere: die Auffassung nämlich, daß es durch nichts gerechtfertigt ist, in der Polizei, wie immer sie gegen demonstrative Aktionen auftreten mag, von vornherein einen Musterfall von Repression zu sehen. Polizei ist unter anderem dazu da, dafür zu sorgen, daß nicht weiter Steine und Eier geworfen werden, wo solche geworfen worden sind. Ob sie für diese Aufgabe geeignet ist, mag man in Frage stellen. Ob ihre Mittel und Methoden in bestimmten Fällen glücklich waren, ebenso. Aber darüber sollte man nicht übersehen, daß es sich um eine Aufgabe handelt, die unabhängig vom System und vom Grad seiner Repression ist. Deren Indizien scheinen erst da auf, wo ein rücksichtsloses Auftreten der Polizei eine radikalisierende Zustimmung aus der Emotionalität von selbstgerechten Bevölkerungsgruppen erfährt. Aber auch wenn dies geschieht, muß man darauf verweisen: Es ist wirklichkeitsblind, Funktionsnotwendigkeiten nicht sehen zu wollen. Es ist selbstverständlich, wenn man sich gegen sie wehrt oder wenn man sie leugnet. Aber man sollte erkennen, was man sich mit der ›großen Weigerung‹ einhandelt, warum sie auch im weiten Feld der ›Rechten‹ faszinierend sein kann, inwiefern man selbst zur Radikalisierung beiträgt. Wenn man sie aber will, ist die Selbstbemitleidung die Kehrseite der Heuchelei. Das heißt, das Verhalten, von dem man sich provoziert fühlt, trägt man selbst zur Schau.

Wo immer es sich tatsächlich um Repression handelt, gibt es kaum ein anderes Mittel als das der Entlarvung. Es ist aber ein Mißverständnis, wenn man meint, durch ein naives provozierendes Konterkarieren entlarven zu können. Eine solche Agitationstechnik erfüllt nicht den selbstgesetzten Anspruch der Systemkritik. Sie verlangt mehr als Aktionen, mit denen man den Schauer des Sensationellen und das Glücksgefühl der Scheinheiligkeit erregt. Man wird sich die Mühe machen müssen, ohne jegliche Vorbehalte zu prüfen, was Repression und was Funktionsnotwendigkeit ist.

Dagegen wird man einwenden, daß schon ein solches Unterscheidenwollen das Vereinnahmtsein vom repressiven System verrät. Wer dies grundsätzlich meint, mit dem wird sich schwer diskutieren lassen. Er wird sich kaum die Mühe machen, bei Erscheinungen, die ihm nicht gefallen, bei Zwängen, die seinen Freiheitsspielraum einengen, zu fragen: Worin sind sie begründet, in welchem Maße sind sie in einem Erwartungssystem unabwendbar, inwieweit drückt sich in ihnen ein Anspruch aus, der sich aus dem Streben nach Funktionssicherheit ergibt, oder in welchem Umfang spricht Willkür mit? Erst wenn diese Fragen gestellt sind, wird diskutierbar, in welchem Umfang sich hinter dem Schein der Funktionsnotwendigkeit Herrschaftsinteressen verbergen. Zweifellos wird dies öfter der Fall sein, als der nach ›Ruhe und Ordnung‹ sich sehnende Bürger wahrhaben will und als selbst der auf Kritik bedachte annimmt. Nur wird man das von Fall zu Fall beweisen müssen, wenn man wirklich etwas ändern will. Eine Pauschalkritik des ›Systems‹ hingegen bringt nicht nur wenig ein, sie desavouiert auch den eigenen kritischen Anspruch.

Gelegentlich heißt es, daß der Protest der Schüler und Studenten beweise, wie sehr die politische Bildung versagt hat. Die Hintergedanken dieser These sind zweideutig. Berechtigt ist sie dann, wenn man die Aufgabe politischer Bildung darin sieht, die Sensibilität und das kritische Potential für ein Erkennen dessen zu schärfen, was verändert werden kann, und dessen, was unabänderlich ist. Und gerade dieser Blick für die Differenzierung ist offensichtlich das, was am meisten fehlt. So drängt sich die Vermutung auf, daß mancher Rebellionsversuch gegen den Funktions- und Sachzwang und daß insbesondere die Kritik an den Herrschaftsstrukturen mit dem Unbehagen an der Arbeitsteiligkeit der Gesellschaft vermengt wird.

Deren Ambivalenz wird noch zuwenig erkannt und genutzt. Dieser Mangel dürfte nicht zuletzt darin begründet sein, daß bei jungen Menschen heute kein Interesse an Vergleichsmöglichkeiten besteht. Eine der offenkundigsten und bedenklichsten Verhaltensweisen der opponierenden Jugend ist jedenfalls die absolute Gegenwartsbezogenheit ihrer Urteilsmaßstäbe, mit denen der Geschichte jegliche Relevanz bestritten wird. Indem man meint, von einem Nullpunkt ausgehen zu können und zu müssen, muß die politische Vorstellungswelt illusionär werden. Die Kategorie der Möglichkeit ist dann nicht existent. Darin wirkt sich allerdings auch eine entscheidende Fehlleistung des Erziehungsmilieus und der Art und Weise des Schulehaltens aus. Nicht zuletzt allerdings dürfte der Abscheu gegenüber dem Geschichtlichen darin begründet sein, daß nie ein ehrliches Bild von der Geschichte gezeigt worden ist, das heißt, ein Geschichtsbild, das die Vergangenheit gesellschaftlich und nicht als Raritätenkabinett von Heroen und Idyllen versteht.

Im Interesse des Status quo!

Was haben diese Kommentare mit Anstandserziehung zu tun? Beschreiben sie die drohenden Schatten, vor deren Hintergrund sich die Fragen des rechten Benehmens und Verhaltens neu stellen? Oder unterliegen diese Bemerkungen nicht dem selbst erhobenen Verdikt, daß es nicht sehr weiterführt, Überlegungen am Auffälligen, wenn nicht gar Sensationellen zu orientieren? Nun, Extremes wurde hier nur insoweit vermerkt, als es untergründige Probleme signalisiert. Und wenn es darum geht, was künftig zu tun ist, dann sollte man nicht nur im Falle der hier zur Diskussion stehenden Fragestellung, sondern auch wenn sie ausdrücklich politisch ist, bedenken, daß das Demonstrative des Protests zurückgehen kann, daß aber die durch ihn zum Bewußtsein gebrachten Probleme durchaus dauerhaft sind. Deshalb erscheint es angebracht, die verdeckten Folgen der Breitenwirkung des Protests ins Auge zu fassen. Man wird dann bemerken können, daß in den letzten beiden Jahren ohne spektakulären Aufwand ein Bedürfnis nach Selbst- und Mitbestimmung aufgekommen ist und sich auch in einer Weise vertreten kann, wie es vor noch nicht allzu langer Zeit nicht vorstellbar gewesen wäre. So haben sich auch Bezugsrahmen und Klima um einiges verschoben, wovon bei einer ›Revision der Anstandserziehung‹ ausgegangen werden kann, so daß sie nicht nur eine Einübung ›mit dem Mief zu leben‹, zu sein braucht.

Immerhin — die Anführungszeichen sind keine Folge des Jugendprotestes, sondern in der Sache selbst begründet. Jedoch lohnt die Frage, was der Jugendprotest für die Umgangsformen bedeutet. Welche Rolle spielt die Anstandserziehung als Sozialisationsfaktor? Inwiefern dient sie als Aushängeschild für einen Lebensstil nach dem Motto ›Wir sind wieder wer‹? Inwieweit ist sie ein Bindemittel für die vielen Pluralismen? Was ist an den Umgangsformen notwendig und was ist willkürlich, was situationsgerecht und was historisches Relikt? Welche treibenden Kräfte bestimmen, welches die ›rechten Umgangsformen‹ sind? Was ist mit der gar nicht kleinen Bevölkerungsgruppe in mittlerer Soziallage, die von allen solchen Verhaltensfragen und -regeln, ob mit oder ohne politischen Aspekt nicht berührt sein will, die nur ihren privaten Spielraum erhalten wissen möchte und die dabei nicht bemerkt, daß sie sich nicht heraushalten kann? Eine Menge von Fragen also, mit denen sich zu beschäftigen auf weitreichende Wirkungszusammenhänge verweist. Doch empfiehlt es sich, vom Grundlegenden auszugehen.

›Anstandserziehung‹ wörtlich genommen, heißt lehren, was ansteht, was erwartet wird an Verhaltensweisen und zugleich lernen, was einem steht, was einem gemäß ist. Es ist also eine soziale und eine individuelle Komponente gegeben. Das macht Spannung und Spielraum der Anstandserziehung aus und erlaubt verschiedene Auslegungen der Aufgabe. Zum einen geht es um Konvention und damit um Anpassung, zum anderen um Angemessenheit und damit um eine Frage des Stiles. Zum einen handelt es sich um Vereinbarungen, die als gesellschaftliche Norm in Erscheinung treten, zum andern um ein Übereinkommen, das Personen in sich ändernden Situationen mit sich selbst erreichen. Diskussionsgegenstand ist vornehmlich der erste

101

Aspekt, weil er auf die gesellschaftlich relevanten Motivationen und Steuerungskräfte der Anstandserziehung verweist.

Das Regelwerk der Konventionen, die Maßgaben gesellschaftlich prämiierten Verhaltens erscheinen heute als ›Dienstvorschrift‹ oder als Verkleidung der Leistungsgesellschaft, als Mittel der Zähmung für ein kompliziertes System der Einordnungen. Dabei liefert die Konvention nicht nur die Spielregeln für die Kooperation, sondern auch die moralische Deckung für das Konkurrenzprinzip. Damit überschreitet sie ihre Funktion und darin liegt ihr korrumpierendes Moment. Deshalb wird die Frage nach ihrem Sinn unterdrückt. Man möchte ihre zeitbedingte Entstehung unterschlagen. Obwohl sie zum Teil anachronistisch geworden ist, hält man an ihr fest, weil man unterstellt, daß es andernfalls gar keinen Halt mehr gäbe. Bei den Sexualtabus wird die Verkrustung dieser Reaktion am offensichtlichsten. Sie ist aber weit darüber hinaus ein kennzeichnendes Motiv unseres Umgangsstils. Die Irrationalität der Normen liegt im Interesse derer, die vom Status quo ihren Vorteil haben. Die Verquickung von Moral und Nutzen und die Diskrepanz zwischen den Anforderungen der heutigen Lebensbedingungen und den überlieferten Konventionen haben ein Klima der Heuchelei geschaffen, das den Protest der Unbefangenen hervorrufen muß: Was die Alten heimlich tun, tun die Jungen offen.

Das Elend der Rituale

Losgelöst von ihrer ursprünglichen Funktion haben sich die Konventionen verselbständigt und sind zu Ritualen geworden. Man hält sich an sie, weil es Vorteile bringt und weil sie die Bedürfnisse nach Geborgenheit und Geltung zu befriedigen vermögen. Sie bieten die Chance, sich zugehörig und eingebettet zu fühlen und zugleich gehoben und selbstsicher. Das Ermüdende in der Erfüllung von Ritualen wird kompensiert durch die Suggestion, eine repräsentative Aufgabe übernommen zu haben. Insbesondere da werden Rituale als hilfreich empfunden, wo es nicht mehr gelingt, für aus dem Alltag herausgehobene Situationen eine spontane Stilsicherheit zu finden. Weil man nicht mehr feiern kann, erschöpfen sich auch Feste in Ritualen. Das gilt für eine Immatrikulation genauso wie für den Karneval oder für ein Begräbnis. Talare, ›de Bütt‹ oder der Begräbniskuchen — sie sind alle Sorgenbrecher.

Rituale dieser Art halten sich besonders hartnäckig, wo größere Mengen von Menschen auftreten. Im Stil des zwischenmenschlichen Verkehrs hingegen zeigt sich ein anderer Typ von Ritual. Entlastung erfolgt hier nicht in Modifikationen gesellschaftlich anerkannter und honorierter Rauschzustände. Das Zeremoniell erscheint in einer sublimierteren Form. Doch zeigt sich der Jahrmarkt der Eitelkeiten auch in intimeren Bereichen. Man sagt sich alles, nur nicht was man denkt. Man präsentiert sich gegenseitig wohl aufgebaute Fassaden. Das traditionelle Repertoire der Gesten ist zwar zum Teil auf das Verbale reduziert. Aber Verhaltensmaxime bleibt, sich gegenseitig etwas vorzumachen. Allzu oft kann man die Erfahrung machen, wie gut es sich auszahlt, mehr zu scheinen, als die Substanz rechtfertigt. Unterschiedliche Perfektionsgrade im normierten Scheingebaren zeigen sich bestenfalls im Charme, schlimmstenfalls in der betrügerischen Suggestion ungerechtfertigter Selbstsicherheit und selbstüberzeugter Verlogenheit. Man stellt sich so dar, wie man glaubt, am meisten gelten zu können. Und was gilt, was den höchsten Kaufwert hat auf dem Markt der menschlichen Einschätzung, wird an den Ritualen abgelesen.

Dies alles mag übertrieben klingen. Aber es ist das Produkt von vielen Kleinigkeiten, über die wenig nachgedacht wird und die deshalb um so mehr wirken. Und so lassen sich Konventionen dazu benutzen, um als Schmieröl das Räderwerk der Konkurrenzgesellschaft lautlos zu machen. Dagegen aufgelehnt haben sich Minderheiten schon immer. Aber sie haben selten zu einer gesellschaftsprägenden Kraft zusammengefunden. Dem standen auch die großen Gruppen Gleichgültiger entgegen. Ihr unausgesprochenes Stillhalteabkommen gegenüber einem zwar relativ unauffälligen, darum aber um so nachtragenderen Verhaltensdruck hat mitgeholfen, das System der verselbständigten und herrschaftsdienlichen Konventionen zu verfestigen.

Studenten haben dieses Netz der Konventionen, in dem wir uns selbst verfangen haben, durchschaut und sie haben es zerrissen. Sie möchten sich so gebärden, daß sie aller Gefahr entgehen, wieder eingefangen zu werden. Die Tafeln des Anstandes, die ihnen vorgehalten wurden, haben sie zerbrochen. Und Schüler werden ein Gleiches tun. Selbst ihnen fällt schon auf, welcher Widerspruch zwischen gegenwärtigen situationsbedingten Verhaltensanforderungen und dem überlieferten Verhaltensschema besteht. Ihnen ist zwar offenkundig, daß Anpassung honoriert und von Selbstverwirklichung nur geredet wird, aber sie wollen das Auseinanderfallen von Anspruch und Wirklichkeit nicht hinnehmen.

Die Rolle der Konvention

Damit stellt sich aber die Frage: Was kommt nach dem Abbau der Konventionen, was bleibt, wenn die Rituale lächerlich gemacht sind? Denn Konventionen haben ihre Funktion, unabhängig davon, ob bestimmte Formen anachronistisch oder herrschaftsbestimmt sind. Und sie sind keineswegs nur negativ zu sehen, sie sind nicht nur repressiver Natur. Immerhin bietet die Konvention den Vorzug, uns zu entlasten. Ein bestimmter Satz von Umgangsformen hat sich eingespielt, weil wir dadurch der Aufgabe enthoben sind, uns jeweils neu zu überlegen, wie wir uns verhalten sollen. Konventionen sind ein Kompromiß, allmählich herausgebildet und schließlich ausdrücklich gelehrt, zwischen Grundsätzlichem und Situationsbedingtem, zwischen egozentrischen Neigungen und Strebungen und den Interessen der Allgemeinheit an einem möglichst reibungslosen Nebeneinander und Miteinander. Konvention in ihrer Hochform bedeutet die Verinnerlichung der Tatsache, daß es den anderen gibt, daß ein kontrollierter Umgang mit dem eigenen Bedürfnispotential notwendig ist, daß ein situationsangemessenes Verhältnis von Distanz und Nähe gelernt sein will. Das gilt erst recht, seitdem aus anthropologischer Sicht das Bild von der sich ausschließlich selbstbestimmenden Moralperson nicht mehr aufrecht zu erhalten ist, in der sich letztlich nur Eigenliebe, aber keine Wirklichkeit dokumentierte.

Verfolgt man Konventionen in die Geschichte zurück, so kann man feststellen: Sie haben diejenigen in ihrem Verhalten eingegrenzt, die als ernst zu nehmende andere galten und die auf Gegenseitigkeit verpflichtet wurden. Heute befinden wir uns in einer geschichtlichen Situation, in der solcherart begründete Verhaltenseingrenzungen nicht mehr gelten dürften. Es gehört zu den offensichtlichen Anachronismen, wenn heute Anstandsnormen so offeriert werden, daß sie soziale Unterschiede in den Umgangsformen praktisch bestärken, auch wenn verbal die Tendenz einer Einebnung der Sozialschichten unterstützt wird.

Die Eingrenzung der ernst zu nehmenden anderen ist aber nicht nur innergesellschaftlich betrachtet ein Anachronismus. Auch im weltweiten Maßstab ist eine Einstellung nicht mehr vertretbar, nach der ›Barbaren‹ aus dem Kreis der ›anderen‹ ausgesondert werden. Dagegen ist heute eine ›Ferne-Ethik‹ gefordert und zum Teil auch schon wirksam, von der noch Arnold Gehlen meinte, daß sie den Menschen überfordere, die aber nun an Beispielen wie Algerien, Vietnam usw. nachhaltig spürbar geworden ist.

Hier betrifft uns jedoch in erster Linie die Konvention. Sie bedeutet ein Übereinkommen im Hinblick auf gegenseitiges Verhalten. Sie stilisiert und zähmt das spontane Gegeneinander. Sie garantiert ein Mindestmaß an Sicherheit, wie der andere sich in bestimmten Situationen verhalten wird. Sie trägt dazu bei, daß die Qualität der Verläßlichkeit nicht allein auf individueller Leistung oder auf direktem äußeren Zwang beruht. Das alles bedeutet: Eine Gesellschaft kann gerade dann sehr schwer ohne Konventionen auskommen, wenn sie nach dem Prinzip der Kooperation strukturiert sein soll. Diese Kooperation verlangt einerseits die Fähigkeit zur Objektivität, von sich selbst absehen zu können. Andererseits kann sie nicht vom ständig zu erneuernden guten Willen leben. Sie braucht eine Absicherung in der Formelhaftigkeit, also durch die Konvention. Nur sollten wir heute darauf achten, daß deren begrenzte Funktion bewußt wird.

Der Abbau der Rituale und dessen, was uns als Konvention erscheint, darf also nicht in die Beliebigkeit oder zu einer ausschließlichen Interessendurchsetzung führen. Eine Neigung dazu folgt für den einzelnen sehr leicht aus den verleugneten Normen der Konkurrenzgesellschaft und für gesellschaftliche Kräftegruppen liegt sie in Verbindung mit einer einseitigen Interpretation des pluralistischen Prinzips nahe, die außer acht läßt, daß das Gruppeninteresse auf die Dauer nicht befriedigt werden kann, wenn nicht auch das Interesse des Gemeinwesens befriedigt wird, innerhalb dessen Gruppeninteressen vertreten werden. Unter diesen Umständen gilt es, Formen zu finden, die die Schutzfunktion der Konventionen aufrechterhalten. Es ist leicht und fragwürdig zugleich, Konventionen lächerlich zu machen, ohne Alternativen aufzuzeigen. Der gute Sinn von Umgangsformen kann es sein, sicherzustellen, daß der andere im Verhaltensmodus berücksichtigt wird, ohne daß man immer an ihn denken muß.

Die Kategorie der Rücksicht ist der positive Aspekt der Konvention. Leugnet man sie, verliert der Protest gegen die Konventionen seine Berechtigung. Er mißbraucht dann die Freiheit und gerät ins Totalitäre. Die Selbstgerechtigkeit, selbst wenn sie nur Unsicherheit überdecken soll, und der Anspruch, genau zu wissen, was richtig ist, sind die schwerwiegenden Hindernisse für ein Gespräch nicht nur zwischen den Generationen, sondern jeglicher Art. Sie führen in die objektive Bundesgenossenschaft mit beliebigen Radikalismen, und sie lassen immer wieder nach falschen Adressaten für den Protest suchen. Das führt zu der merkwürdigen Situation, den ›Liberalismus‹ einerseits für ein Nichts zu erklären und ihn andererseits doch zu bekämpfen, weil als Gegenposition nur wahrgenommen wird, was nicht mit gleicher Absolutheit auftritt. Intellektuelle Liberalität ist aber kein Ausdruck von Schwächlichkeit. Man wird das Nichtakzeptieren von Absolutheitssprüchen irgendwelcher Art mit der gleichen Entschiedenheit vertreten können und müssen, mit der perfektionistische Heilsprediger auftreten. Dies gilt gerade auch dann, wenn man die Wechselwirkung von menschlichem Verhalten und politischer Einstellung, von gesellschaftlicher Struktur und allgemeinem Gebaren, von Anstandsnormen und Herrschaftsbeziehungen erkannt hat.

Worauf es also ankommt, ist, das Verhältnis von Konvention, Freiheit und Toleranz zu überdenken. Dazu reicht das Schema — Freiheit durchbricht Konvention und setzt sich mittels Toleranz selbst ihre Grenzen — nicht aus. Der üblich gewordene Einwand, daß Toleranz selbst zu einem Herrschaftsmittel geworden ist, läßt sich schwer leugnen. In der Tat fungieren Intellektuelle vielfach als Hofnarren des ›Spätkapitalismus‹, und Toleranz im Sinne der Meinungs- und Äußerungsfreiheit, im Sinne des Geltenlassens, hat die Immobilität nicht verhindert, sondern bestärkt, hat nicht die Offenheit gefördert, sondern zu einem verheimlichten Aneinandervorbei der Gedanken geführt. Zwar ist ein Spielraum der Abreaktion vorhanden, Entscheidungen aber fallen nicht da, wo öffentlich diskutiert wird, wo man sich unmittelbar begegnet. Doch was folgt daraus? Ist dieser sogenannte Spätkapitalismus wirklich an allem schuld und der Liberalismus am Ende? Welch eine Vorstellung vom Menschen verbirgt sich hinter einer solchen Annahme? Sind systemimmanente Verhaltensänderungen wirklich ganz ausgeschlossen? Inwieweit muß sich der Drang nach Änderung auch auf die Form des Umgangs miteinander beziehen? Können Veränderungen nicht von ihnen ausgehen oder sind die Umgangsformen völlig von den Herrschaftsverhältnissen abhängig? Wird das eigentlich gemeinte Übel, nämlich daß der Mensch als Objekt behandelt wird, durch Art und Richtung unserer antiautoritären Opposition wirklich getroffen? Oder: In welcher Weise ist eine Rehabilitierung der Toleranz nötig und möglich?

Unser sozialwissenschaftliches Forschungsinstrumentarium ist keineswegs soweit ausgebildet, um zu diesen Fragen einigermaßen gesicherte Antworten geben zu können. All unsere historische Erfahrung verweist jedoch darauf, daß monokausale Erklärungen dem Interpretationswillen partieller Interessen entspringen. Ebenso erscheint die Annahme naiv und deplaciert, es gäbe keine gesellschaftlichen Zusammenhänge und alles sei beliebig. Noch differenzierter muß eine Aussage über Möglichkeiten der Verhaltensänderungen unter bestimmten gesellschaftlichen Bedingungen ausfallen. Immerhin erscheint es nicht unmöglich, daß Menschen eine Distanz zu ihrer Umwelt gewinnen, ohne sie umstürzen zu müssen. Es ist beispielsweise nicht ausgeschlossen, daß ein anderer als der herrschende Konsumstil demonstriert wird und damit auch Änderungen von gesellschaftlicher Relevanz bewirkt werden. Wer dies bezweifelt, läßt den Zynismus erkennen, den er zu bekämpfen behauptet. Wer einen Zustand beenden will, in dem Menschen als Objekt mißbraucht werden, an den stellen sich auch Stilanforderungen. Eine antiautoritäre Opposition, die diesen Zusammenhang nicht sieht, handelt gegen ihre eigenen Ziele. Insofern ist die Frage nach den Umgangsformen auch denen gestellt, die aus kritischer Sicht ihre derzeitige Zwielichtigkeit durchschauen.

Unter diesem Aspekt drängt sich die Frage auf, ob nicht der Begriff des Antiautoritären eine Einstellung signalisiert, die mit dem, was sie zu propagieren vorgibt, schwer vereinbar ist. Es stellt sich der Gedanke ein, im Antiautoritären könne so viel Aggressivität stecken, daß damit das Ziel des Nicht-Autoritären kaum erreicht werden kann. Die Gefahr dieses Zirkels wird in der folgenden psychokritischen Analyse von Hartwig Heine durchaus gesehen. Über die Konsequenzen aus dieser Einsicht muß man sich streiten können. Es muß beispielsweise die Frage berechtigt sein, ob nicht die Neigung, allein schon durch Äußerlichkeiten die Brücken bürgerlicher Gesittetheit hinter sich abzureißen, eben durch die Angst hervorgerufen wird, die man überwinden möchte. Es ist leichter, gegen etwas zu sein, wenn man äußerliche Gemeinsamkeit mit dem Abgelehnten vermeidet. Nur ist dann der Zweifel nicht von der Hand zu weisen, ob es sich wirklich um ein Loslösen von dem handelt, wovon man sich loslösen möchte. Auch gegenüber dem Konsumcharakter unserer Gesellschaft ist Konsumverzicht nicht das probate Mittel, sondern erst die Demonstration, daß man das Konsumgebot auch in einem emanzipativen Sinne nutzen kann.

In diesem Beitrag sollen die hier angedeuteten Probleme aber vor allem in ihrer Relevanz für die Umgangsformen besprochen werden. Der Begriff des Umgangs ist vieldeutig. In der Pädagogik meint er seit den zwanziger Jahren eine spezifische Form der Sachlichkeit, die über technische Handhabungen hinausweist und den Perspektivenreichtum der Phänomene berücksichtigen soll, um zu einem angemessenen Handeln zu führen. Auf Personen bezogen ist mit Umgang eine spezifische Art und Weise des Miteinanders, des Miteinanderredens und -handelns gemeint. Anstatt aufeinander los- oder aneinander vorbeizugehen, nimmt man im Umgang voneinander Kenntnis, indem man sich von verschiedenen Seiten kennenlernt. Das Miteinander nimmt eine bewußte Form an. Sie kann in verschiedenen Motiven begründet sein. Sie finden sich vielfach gemischt auf einer Skala zwischen den Polen des Mitmenschlichen und des Psychotechnischen. Das heißt, der Umgang kann dialogisch oder instrumental gemeint sein. Er kann auf den anderen bezogen sein, oder er kann den anderen als Objekt im Kalkül der eigenen Ziele sehen.

Die beiden möglichen Intentionen der Umgangserziehung, das Menschliche und das Nützliche, miteinander zu verbinden, ist der Anspruch, den die Anstandsbücher erheben, die Wolfgang Müller in seinem Beitrag zitiert hat. Insofern sie aber diese möglichen Ziele und Absichten verwischen, sind sie Dokumente des Systems von Heuchelei, von dem hier schon anfangs gesprochen wurde. Sie sind deshalb vornehmlich daraufhin zu betrachten, woran es sich zeigt, daß sie Aufforderungen zur Verlogenheit sind. Will man Umgangserziehung demgegenüber in ihrem ursprünglichen Sinn verstehen, dann darf sie sich nicht auf die Vermittlung gedankenlos tradierter sogenannter guter Umgangsformen beschränken. Sie erscheinen als Gebrauchsanweisungen für ein Verhalten, deren Maßstäbe ungeklärt bleiben und formal festgelegt sind, die aber nicht den Umständen entsprechen, unter denen sie angewendet werden sollen. Indem die zeitspezifische Bedingtheit ignoriert wird, kann man auf ihren Sinn nicht reflektieren. Demgegenüber gilt es, sich an der Kategorie des anderen zu orientieren. Und die Bereitschaft dazu sollte auch dann nicht aufgegeben werden, wenn man weite Teile der traditionellen Umgangsformen als inadäquat ansieht. Auch wenn Konventionen als herrschaftsabhängig, zweideutig, unwahrhaftig oder grotesk enthüllt sind, bleibt der Nachbar noch der Nachbar, wie immer er sich zu diesen Konventionen verhält. Die Bereitschaft und die Fähigkeit, sich ihm zuzuwenden, droht jedoch bei Menschen verlorenzugehen, die allzu genau zu wissen glauben, welches Verhalten das richtige ist.

Kritik und Toleranz

So ist der Weg zum Nicht-Autoritären ohne Rehabilitierung der Toleranz schwer vorstellbar, was immer einer solchen Einsicht gesellschaftspolitisch entgegenstehen mag. Inwieweit Kritik und Toleranz vereinbar sind, sowohl auf der begrifflichen Ebene als auch im Hinblick auf die öffentliche Wirkung und das praktische Verhalten, das ist die gesellschaftspolitische Frage, die man auch stellen sollte, wenn über Ziele und Möglichkeiten der Umgangserziehung gesprochen wird. Kritik ist nur möglich, wenn man die Rückwirkung nicht scheut. Toleranz heißt Rücksichtnahme gegenüber dem anderen, gegebenenfalls ohne Rücksicht auf sich selbst. Das verbindet Kritik und Toleranz miteinander. Es macht die Kritik menschlich und verhindert, daß Toleranz nur unverbindliches Zugeständnis ist und durch das Laissez-faire den Status quo verfestigt. Kritik und Toleranz in eins können sowohl dem Absolutsetzen als auch der Beliebigkeit entgegenwirken. Beide, Kritik und Toleranz, sind Bedingungen des Fortschritts in gesellschaftlichem Ausmaß. Denn Kritik ist der Versuch des Differenzierens und Auseinandernehmens, um zu erkennen, worin Unbefriedigendes begründet ist. Toleranz aber ist die Bereitschaft, etwas anzunehmen, was nicht dem Eigenen entspricht, dem aber eine Berechtigung zuerkannt werden muß.

Es kann nicht geleugnet werden, daß es eine Form der Toleranz gibt, die dahin tendiert, Kritik leerlaufen zu lassen. Sie in dieser Weise zu nutzen, liegt vor allem in einer Zeit nahe, in der der Kritik vergleichsweise viel öffentliche Möglichkeiten zur Verfügung stehen. Ein solcher Mißbrauch der Toleranz sollte aber noch kein Grund sein, sie generell zu desavouieren. Es gehen damit wichtige Qualitäten verloren. Beispielsweise ist Lernen ohne Toleranz, und das heißt hier ohne Geduld gegenüber Neuem, schwer vorstellbar. Denn man kann das Lernen auf die Dauer nicht auf das beschränken, was man lernen will und was Spaß macht. Die moderne Erziehung sieht zwar ihre Aufgabe primär darin, diesen Willen und diesen Spaß zu arrangieren. Aber sie kann von Frustrationen nicht fernhalten. Wer sie in der Frühkindheit nicht erfahren hat, wer in der Schule ohne Widerstand geblieben ist, muß sie mit dem Berufseintritt auf sich nehmen. Je verspäteter die Frustration kommt, um so politischer wird sie interpretiert, um so eher wird sie dem ›System‹ angelastet, in dem man lebt. Dann fehlt aber auch die Offenheit, die für das Lernen notwendig ist. Es kann nicht darum gehen, Frustrationen um jeden Preis vermeiden zu wollen, sondern sie auf Situationen und Formen zu beschränken, die sich kontrollieren lassen. Es kann deshalb auch nicht das Ziel sein, das Rationale gegen das Emotionale im Menschen auszuspielen. Vielmehr gilt es, darauf zu achten, daß das Rationale nicht auf das Technische reduziert und damit das Triebhafte freigegeben wird. Was hingegen erreicht werden muß, ist das Zusammengehen und gegenseitige Kontrollieren der affektiven und rationalen Antriebs- und Regulierungskräfte. Insoweit wir diese Aufgabe für lernbar halten, ist auch die Aufgabe der Anstandserziehung bestimmt. Es kommt also nicht auf Drill oder Angewöhnung von Verhaltensmustern an, sondern auf ein Begreifen, warum man sich in dieser oder jener Situation so oder anders verhalten sollte. Die gesellschaftsbedingte Motivation der Umgangsformen sollte bewußt gemacht werden. Auch dann noch liegt heute das Verdikt der Anpassung nahe. Aber es trifft nicht, wenn eine Bewußtseinsbildung ermöglicht wird, die zu einer Stilbildung beiträgt, die so zwischen Individuellem und Sozialem vermittelt, wie es dem oben erläuterten Begriff ›Anstand‹ entspricht. Und wenn man sich heute Freiheiten gegenüber der traditionellen Konvention nimmt, so handelt man sicherlich in vielen Fällen nicht anders als situationsgerecht. Jedoch sollten darüber die Realität, gesellschaftliche Begrenzungen und die Menschlichkeit der Menschen nicht außer acht gelassen werden.

Emanzipation und Disziplinierung

Umgangserziehung bleibt also Aufgabe. Wenn wir uns heute fragen müssen, wo und wie sie stattfinden sollte, dann verweist eine solche Frage darauf, daß Anstandserziehung selbst zu einem Ritual geworden ist. Was Wolfgang Müller zitiert und was er von den Tanzlehrern und ihren Problemen schreibt, erweckt nicht zu Unrecht den Eindruck, es handele sich um einen säkularisierten Konfirmandenunterricht. Jedoch: Ob und zu welchem Tanzlehrer man geht, dürfte noch weitgehend schichtspezifisch sein. Unsere Umgangsformen sind mehr oder weniger zur Schau getragene Indizien der Schichtzugehörigkeit. Sie auszuwechseln, stört das Lebensbehagen. Die Angleichung an den Umgangsstil einer besser gestellten Schicht erfolgt nur, wenn man sich Aufstiegschancen davon verspricht.
Der ritualisierte Anstandsunterricht im Heranwachsenden-Alter wirkt aus der Distanz gesehen deshalb so widersinnig, weil das Lernen des Umgangs ein Teil des Sozialisationsprozesses ist. Damit gerät jede Form eines ausdrücklichen Anstandsunterrichts auf die Ebene eines zweckge-

richteten Anstandsdrills, bei dem der andere, auch wenn man es nicht wahrhaben will, zum Objekt degradiert wird. Dem entspricht es, daß Fragen des Umgangs immer nur schichtimmanent oder auf Schichtgrenzen bezogen reflektiert worden sind. Daher rührt der defensive Charakter des üblichen Anstandsunterrichts. Das Entgegenkommen gegenüber dem anderen, das man vollziehen soll, erweist sich als Vorwand zur Sicherung der eigenen egozentrischen Interessen, und die Schichtbedingtheit der Anstandsnormen ist schließlich auch ein entscheidender Grund, warum so lange verhindert worden ist, über die Motive von tradierten Anstandsregeln nachzudenken. Gewöhnlich haben sie ihren situationsspezifischen guten Sinn gehabt. Aber indem sie über die Entsprechungssituation hinaus maßgeblich blieben, wurden sie fremdbestimmt und versuchten, die Heranwachsenden in der Fremdbestimmung zu halten. Wenn man die historische Bedingtheit leugnet, können Anstandsnormen nur noch autoritativ durchgesetzt werden.

Umgangserziehung müßte also in Zukunft als selbstverständlicher Bestandteil in die Erziehung einbezogen werden und nicht als ihr scheinbar passendes und genau betrachtet unpassendes Etikett erscheinen. Außerdem wird man schichtunabhängige Kriterien zu ihrer Beurteilung bewußt machen müssen. Dafür bieten sich Kritik und Toleranz als Spannungspole an, zwischen denen sich ein Umgangsstil entwickeln läßt, der auf das Verhältnis zum Mitmenschen abzielt, ohne zu bedenken, welchen Status er haben mag, weil man daran denkt, daß man selbst dieser andere sein kann. Umgangserziehung ist also ein Teil der Affektkultur im Sinne von Alexander Mitscherlich. Damit ist angezeigt, daß das Lernen des Umgangs mit anderen auch das Lernen des Umgangs mit sich selbst und seinen eigenen Schwierigkeiten einschließt. Nicht nur weil Kritik durch Selbstkritik legitimiert wird, sondern auch weil die Toleranz gegenüber anderen eine innere Toleranz gegenüber den eigenen Konflikten und ihrer produktiven Regulierung voraussetzt. Sie kann dann zur Gelassenheit führen, die wiederum Voraussetzung dafür ist, etwas bewirken zu können. Zugleich kann man erkennen, daß das

Verständnis des Andersseins des andern als eines der Ziele der Umgangserziehung mit dem kritischen Selbstverständnis in Wechselwirkung steht. Dabei kann dieses Ziel als Beispiel dafür gelten, wie Eigeninteresse und Rücksicht in eins fallen können, ohne psychotechnisch mißbraucht zu werden.

Um es noch riskanter, aber im Hinblick auf die gegenwärtige Auseinandersetzung bezogen zu formulieren: Auch die Zielvorstellung einer nicht-autoritären Erziehung enthebt nicht der Aufgabe der Disziplinierung als eines Aspekts der Anstandserziehung. Ohne sie provoziert man das Autoritäre. Man mag dies wollen, aber man sollte nicht glauben, es auf diese Weise überwinden oder abbauen zu können. Das Autoritäre setzt sich in einem selber fest, wenn man Wirklichkeit versimpelt und die derzeitige Struktur des menschlichen Antriebshaushaltes ignoriert. Die Emanzipation muß mit einer Disziplinierung in eins gehen. Sie müßte allerdings wesentlich anders aussehen, als sie bisher alleweil ausgesehen hat. Zu ihren wichtigsten Aufgaben gehört es, sich im Mut und der intellektuellen Durchdringungskraft zu üben, die notwendig sind, um immer von neuem die Frage zu stellen, in welcher Situation ist die Disziplinierung im Hinblick auf Verläßlichkeit und Funktionssicherheit notwendig, und wo besteht ohne Schaden für andere die Freiheit, etwas zu verändern. Diese Fähigkeit zu einem entsprechenden Verhalten dürfte auch gemeint sein, wenn Diethart Kerbs davon spricht, daß ein Training im kalkulierten Wechsel von Anpassung und Widerstand notwendig ist.

Der Spielraum dafür ist größer als uns heute von allen Seiten suggeriert wird. Um das zu erkennen, ist eine Übung in der Beantwortung der Frage notwendig: Wann hat eine Funktionsanforderung Sachzwang und wann ist ein Sachzwang nur aus partikulären Interessen vorgetäuscht? Dieser intellektuell-kritische, politische Aspekt der Anstandserziehung ist in der Vergangenheit zu kurz gekommen bzw. gar nicht gesehen worden. Und nur wenn sich das ändert, wird sich eine Erziehung zum Umgang entwickeln, die unseren Zukunftsaufgaben entspricht.

Hartwig Heine:
Tabuverletzung als Mittel politischer Veränderung

Die Welle der spektakulären Tabuverletzungen, veranstaltet von linken Schülern und Studenten, scheint abzuebben. ›Bild‹, Sachwalterin westdeutscher Tabus, ist um einen sehr erwünschten Feind ärmer geworden. »Die antiautoritäre Phase ist beendet« — auf diese apodiktische Formel haben sich aber auch alle Fraktionen der Linken geeinigt. Die Unduldsamkeit, mit der die meisten Menschen für überwunden gehaltene ›Phasen‹ ihrer Vergangenheit abtun, kennzeichnet auch das Verhältnis der APO zur ›antiautoritären Phase‹. Um so mehr ist zu fragen, ob eine spezifisch antiautoritäre Praxis, die hier im Begriff der Tabuverletzung zusammengefaßt wird, inzwischen überholt ist. Es ist zu untersuchen, welche gesellschaftlichen Verhältnisse die Tabuverletzungen herausforderten und was mit diesen beabsichtigt war, um die Frage beantworten zu können: welche politische Relevanz haben sie über die ›antiautoritäre Phase‹ hinaus?

Erinnern wir uns: Unter der Überschrift »Stoppt den Terror der Jung-Roten jetzt!« schrieb ›Bild‹ am 7. Februar 1968: »Erst — zwischen 1952 und 1953 — machten randalierende Motorradfahrer unsere Städte unsicher; dann — 1956/57 — schmierten junge Rabauken Hakenkreuze an Kirchen und Gräber; und jetzt — 1967/68 — gibt es den Wanderzirkus der Revolution. ... Geschäfte werden demoliert, Autos umgeworfen, Straßenbahnwagen zerstört, Fensterscheiben zertrümmert, friedliche Bürger bedroht, die deutsche Fahne verbrannt und irgendein Kommunistensymbol gehißt.« Für die Springer-Presse reduzierten sich Programm und Aktionen der linken »Extremisten« auf »Pöbeleien«, »Krawalle«, »Terror« und körperliche und »geistige Ungewaschenheit«; kein Wunder, denn der linke »immatrikulierte Mob« rekrutierte sich für sie aus »Rabauken«, »Randalierern«, »Politgammlern«, »langhaarigen Affen« und »Kriminellen«.[1] Diese Eigenschaften der linken Studenten sind seit damals zum herrschenden Bewußtseinsklischee quer durch alle Gesellschaftsschichten geworden. Als sich zum Beispiel — im Spätherbst 1967 — Frankfurter Studenten mit streikenden Arbeitern der hessischen Gummiindustrie solidarisieren wollten, antworteten Arbeiter auf einer Kundgebung mit dem Transparent: »Wir sind gesittet, keine Bande — Arbeitskampf ist keine Schande«. Hauptziel und Hauptbeschäftigung der rebellierenden Schüler und Studenten war es offenbar, rüpelhaft gegen Gesetz, Sitte und Anstand zu verstoßen: gegen Kleidungs-, Wasch- und Sexualtabus, gegen alle Regeln menschlichen Anstands und Wohlverhaltens.

Die apologetisch gemeinte Gegenthese, dieses Klischee sei nur durch die Manipulation der Springer-Presse entstanden, in ihrer großen Mehrheit seien die Linken ›hart arbeitende‹, ›seriöse‹ und ganz ›vernünftige‹ junge Leute, die ihre ›berechtigten Anliegen‹ einer unaufgeklärten Öffentlichkeit vorzutragen versuchten, wobei sie nur manchmal mit ›jugendlichem Ungestüm über das Ziel hinausschössen‹ — diese scheinbar wohlwollende Gegeninterpretation entspricht nicht den Tatsachen. Tatsächlich spielten innerhalb der Überlegungen des damaligen SDS Tabuverletzungen als bewußt angewandtes politisches Mittel eine zentrale Rolle.

Die von ›Bild‹ gelieferte Liste der Tabuverletzungen ist unvollständig: Linke Studenten brachten mit Vorliebe feierliche Universitätsrituale zum Platzen (die inzwischen kaum noch stattfinden), sie bewarfen den persischen Schah mit Eiern und Tomaten, sie störten Geschwister-Scholl- und Weihnachtsfeiern und ernannten Regierende Oberbürgermeister zu Weihnachtsmännern, sie stürmten Amerikahäuser und Landgerichte und lieferten sich lange Gefechte mit

116

der Polizei. Das waren nicht nur ›Auswüchse‹. Viele Kritiker mit liberalem, manchmal auch mit sozialistischem Selbstverständnis urteilten damals: Die Kritik der Studenten ist in vielen Punkten berechtigt, aber ihre Form, sie auszudrücken, ist falsch und stößt uns ab. Sie warfen der sogenannten ›antiautoritären‹ Linken vor, solche Aktionen behinderten die Aufklärung der Bevölkerung eher, als daß sie sie förderten, ja, sie bestärkten im Volke die Bereitschaft zum Faschismus. Liberale Richter, die in ihren Urteilsbegründungen noch politisch zu argumentieren versuchten, gaben in einem Atemzug mit Geld- und Gefängnisstrafen den Rat, zu ›diskutieren‹ statt zu blockieren oder Landfrieden zu brechen.

Das ist auch heute noch die Kernfrage: Hat eine politische Opposition in der Bundesrepublik eine *Chance*, sich durch Diskussionen allein zu artikulieren, durch Diskussionen allein eine effektive politische und gesellschaftliche Veränderung in Gang zu setzen — vorausgesetzt, eine solche Opposition will mehr, als die bestehenden Herrschaftsverhältnisse mit intelligenteren Mitteln als bisher zu erhalten? Wenn diese Frage bejaht werden kann, dann waren und sind provokatorische Tabuverletzungen in der Tat überflüssig und schädlich.

Die Erfahrung spricht dagegen. Solange die Studenten ihre unmittelbare Umgebung, die Hochschule, mit rationalen Argumenten verändern wollten — sie versuchten es fast zehn Jahre lang —, solange sie mit Gutachten, Petitionen und Gesprächsversuchen um ein Stückchen Demokratie kämpften, stießen sie ins Leere. Erst als sie begannen, zu drastischen Aktionen überzugehen, waren Ordinarien und Ministerien widerstrebend zu einigen Konzessionen bereit. Ebenso ins Leere stießen damals die Ostermärsche, die Protestdemonstrationen gegen die Kollaboration der Bundesrepublik mit dem Apartheid-Regime in Südafrika, gegen die Unterstützung der amerikanischen Aggression in Südvietnam: die Bevölkerung blieb unbeteiligt oder feindselig, die Presse schwieg, kein Abgeordneter trug die Proteste ins Parlament. Es war die gleiche Situation, wie sie die Polizei immer wieder herzustellen versucht: »Durch menschenleere Straßen an der Peripherie der City sollte man sich in Art eines Prozessionszuges bewegen, schweigend, die Parolen auf den bemalten Papptafeln den kahlen Häuserwänden oder Grünanlagen entgegenhaltend. Die Demonstration verlor jeglichen Sinn.«[2]

Trotzdem waren diese Versuche nicht umsonst. Diejenigen, die sie unternahmen — es waren zunächst nicht sehr viele —, begriffen die Funktion bzw. Funktionslosigkeit staatlich konzessionierter Meinungs- und Demonstrationsfreiheit. Erst als sie die sie umgebenden Gummiwände des schalldichten Gehäuses, ›Demonstrationsfreiheit‹ genannt, durchbrachen, als sie hier sechs Eier gegen ein Amerikahaus warfen, dort eine Polizeikette durchbrachen, war die ›Öffentlichkeit‹ plötzlich da: eine geifernde Presse, antikommunistisch schwadronierende Politiker. Durch diese Erfahrungen wurde der Lernprozeß über die Konstitution unserer Gesellschaft und ihrer demokratischen Organe in Gang gesetzt.

Die Bedingungen einer diskutierenden Demokratie

Es könnte sein — für das liberale Bewußtsein ist es so —, daß diese Erfahrungen zufällig sind, daß sie für die Beantwortung der oben gestellten Kernfrage nichts beweisen. Deshalb müssen die gesellschaftlichen Bedingungen bestimmt werden, unter denen der Versuch ›öffentlicher Diskussion‹ zu einem Mittel politischer Aufklärung und effektiver Willensbildung werden kann. Die ›öffentliche Diskussion‹ funktioniert in einem liberaldemokratischen Bezugssystem unter folgenden Voraussetzungen:

a) die Informiertheit aller Staatsbürger;

b) die psychische Fähigkeit der Bürger, Informationen überhaupt aufzunehmen und mit ihrer Hilfe zu rational begründeten politischen Entscheidungen zu kommen;

c) das Vorhandensein von Vermittlungsorganen (Parteien, Parlament), die solche Willensbildungen demokratisch von unten nach oben, das heißt von den einzelnen Staatsbürgern zu den politischen Machtträgern, vermitteln und wirksam werden lassen.

Daß die unter a) genannte Bedingung nicht gegeben ist, bedarf keiner Erörterungen. Ziemlich deutlich ist in den letzten Jahren auch geworden, daß die in der Bedingung c) geforderten Vermittlungsorgane zumindest nicht mehr ›von unten nach oben‹ funktionieren.[3] Mit dem Ausfall der Kommunikationsmittel, der Parteien und des Parlaments als Organe der demokratischen Massenbeteiligung bzw. mit ihrer Umfunktionierung in Instrumente der Massenbeherrschung ist das liberale Modell einer diskutierenden Demokratie mehr denn je zur realitätsfernen Schimäre geworden. Die Berufung auf dieses Modell dient nur noch dazu, die bestehende gesellschaftliche Wirklichkeit vor ihrer Erkenntnis zu schützen.

Damit allein ist aber die Notwendigkeit provokatorischer Aktionen noch nicht nachgewiesen. Es gibt Linksliberale, die der eben angedeuteten Bestandsaufnahme zustimmen, daraus aber den Rat herleiten: Geht auf die Straße, sprecht die Leute an, informiert sie, überzeugt sie, aber ohne sie zu provozieren; baut so von unten, von der Straße her die Demokratie wieder — oder endlich — auf.

Das wiederum setzt nun aber die unter b) genannte Bedingung voraus: die allgemeine Fähigkeit und Bereitschaft, Informationen aufzunehmen, rational zu diskutieren und auf dieser Grundlage politischen Willen auszubilden. Dahinter verbirgt sich die Vorstellung, das individuelle Bewußtsein sei unversehrt von der fortschreitenden Entdemokratisierung der Institutionen geblieben, es leide vielleicht unter zeitweiliger Austrocknung, aber es bedürfe nur des Wassers der Information und Diskussion, um es wieder zu demokratischer Blüte zu bringen. Leider ist diese idyllische Vorstellung falsch, das durchschnittliche individuelle Bewußtsein reagiert anders. Am 2. Juni 1967 wurden viele Berliner unmittelbar, das heißt durch eigenen Augenschein, über das brutale Vorgehen der Polizei gegen die Schah-Demonstranten informiert — ihre Reaktion war eine Mischung von Gleichgültigkeit, Haß und Freude. Auf der Gegendemonstration, die im Februar 1968 unmittelbar nach der großen Berliner Vietnamdemonstration stattfand, steigerte sich das kollektive Ressentiment bis zur unmittelbaren Bereitschaft zu lynchen. Nach einer Umfrage des DIVO-Instituts identifizieren sich 25 Prozent der Bevölkerung mit dem Satz: »Deutschland würde nicht diese Probleme haben, wenn es hier mal Zucht und Ordnung gäbe«, 36 Prozent mit dem Satz: »Wir brauchen einen starken Mann an der Spitze, der mit allen Nebensächlichkeiten kurzen Prozeß macht«. 80 Prozent der Männer und 85 Prozent der Frauen sind von der erzieherischen Wirkung des Militärdienstes überzeugt.

Als Momente der geeigneten Persönlichkeitsstruktur eines demokratischen Wählers zählt Berelson auf: »Interest in public affairs; possession of information and knowledge; of stable political principles or moral standards; ability of accurate observation; engagement in communication and discussion; rational behavior; consideration of community interest.«[4] Dagegen sind im individuellen Bewußtsein vorherrschend: Angst, Apathie, Resignation, Ressentiment, Unzugänglichkeit gegenüber rationalen Argumenten, die Sehnsucht nach ›Ordnung‹. Auf dieses Bewußtsein bezog sich Oskar Negt in seiner Frankfurter Rede zum Tode Benno Ohnesorgs: »Die größte Gefahr für unsere Gesellschaftsordnung besteht darin, daß die schleichende Entwertung der Grundrechte, die unmerkliche Brutalisierung des gesellschaftlichen Lebens *gar nicht mehr wahrgenommen wird.*«

Die deformierte Psyche als Stütze der bestehenden Gesellschaftsordnung

Es reicht nicht aus, diese vorherrschende psychische Disposition zu beklagen. Wie ist sie zu erklären?

Historisch ist sie zu erklären durch die nie gebrochene Tradition des deutschen ›Untertans‹; durch die Zerschlagung des proletarischen Selbstbewußtseins und kollektiven Ich-Ideals im Nazismus, der das *ganze* Volk entpolitisierte; durch die postfaschistische Restauration usw. Systematisch ist sie zu erklären durch die Nötigung — aber auch die Fähigkeit — der spätkapitalistischen Gesellschaft, die bestehende Herrschaftsordnung psychisch abzustützen und abzusichern. Beide Erklärungen müssen verbunden werden: Die (geschichtlich gewachsene) ›deutsche‹ psychische Disposition war vorgegeben, die sozialpsychologischen Auswirkungen und Bedürfnisse der spätkapitalistischen Gesellschaft setzten dieser Disposition nicht nur keinen Widerstand entgegen, sondern unterstützten und verstärkten sie noch. Deshalb ging in Westdeutschland die Transformation in die spätkapitalistische Gesellschaft so viel reibungsloser vonstatten als in Frankreich oder Italien — bis zu den Streiks vom September 1969.

Charakteristisch für diese Gesellschaft ist: eine ungeheure technologische Entfaltung der gesellschaftlichen Produktivkräfte, die auf die Schranke ihrer privaten Aneignung durch eine kleine Oligarchie stößt; das Kapital wächst sehr viel schneller als die Möglichkeit seiner Verwertung; der relativen Überproduktion steht die relative Unterkonsumtion der Massen gegenüber — eine Konsumtion, die aus immanenten Gründen des Systems niedrig gehalten werden muß.[5] So sind die Hauptprobleme dieser Gesellschaftsordnung: Absatz der Überproduktion, gesteuert durch das Interesse gewinnbringender Rentabilität, nicht durch eigenständige Bedürfnisse der Konsumenten; Sicherung gegen Konsumtionskrisen durch staatliche Maßnahmen; organisierte und (für die Kapitaleigner) profitable Kapitalvernichtung durch Rüstung, Werbung, Vorratsvernichtung usw. Gemessen an den in ihm entfalteten Produktivkräften erweist sich dieses System als immer unvernünftiger und rückständiger, als historisch immer überfälliger. Es kann sich nur halten, wenn es abgestützt wird durch eine vorherrschende psychische Disposition, die nun sicherlich nicht die des informierten, rationalen und autonom entscheidenden Individuums sein darf. Es stützt sich auf eine Gesellschaft von Zwangskonsumenten, auf einen Typ des Individuums, der die herrschende Gesellschaftsordnung weder intellektuell diskutiert noch praktisch in Frage stellt, der seine gesellschaftliche Ohnmacht auch psychisch akzeptiert, der bereit ist, sich als passiver und gesteuerter Konsument zu verhalten, der ›spontan‹ höchstens noch auf Konsum-

121

befehle reagiert. Eine Gesellschafts-›Ordnung‹, deren Kapitalverwertungsmaschinerie weitgehend nur noch Leerlauf produzieren kann, die gesellschaftlich Erarbeitetes durch Vorratsvernichtung, Rüstung und Kriege zerstören *muß*, lebt nur noch von Gnaden eines Bewußtseins, das gesellschaftliche Prozesse als undurchschaubare Weltgesetze tabuisiert, an die es sich anpassen muß; das die kollektive Destruktion durch individuelle Enthumanisierung und Gleichgültigkeit ermöglicht (Beispiel: die Reaktion des überwiegenden Teils der amerikanischen und westdeutschen Bevölkerung auf den Vietnamkrieg, zuletzt auf das exemplarische Massaker von My Lai).[6]

Der gesellschaftliche Instanzenweg, der das Interesse der bestehenden Gesellschaftsordnung mit der psychischen Deformation des einzelnen vermittelt, kann hier nur angedeutet werden.

Für die *elterliche Erziehung* ist immer noch »das Apriori des Sozialisierungsprozesses ... die Repression«.[7] Zwar ist die väterliche Autorität unterminiert, da sie ihre sachliche Legitimationsgrundlage verloren hat: »Väter sind Funktionäre geworden, abhängig von bürokratisch geregelten Abläufen und in der Sphäre der Gesellschaft kaum weniger hilflos als ihre Kinder.«[8] Der Generationenkonflikt hat deshalb an Schärfe verloren. Aber durch den Abbau der väterlichen Autorität ist die Chance der Emanzipation, der ›Ich-Stärkung‹ des Kindes nicht größer, sondern eher noch geringer geworden. David Riesman stellt in seinem Buch »Die einsame Masse« fest, daß so ungefähr das einzige, was amerikanische Eltern noch ihren Kindern mitgäben, ihre eigene diffuse Angst sei; Allison Davis kam in ihrer Untersuchung über die Psychologie des Mittelstands-Kindes in der amerikanischen Gesellschaft zu dem gleichen Ergebnis. In Deutschland ist die Erziehung durch die Eltern traditionell autoritär. Gegenüber der so erzeugten konstitutionellen Ich-Schwäche des Kindes kann aber der Vater nicht mehr die Funktion des Über-Ichs einnehmen, diese Funktion übernimmt immer mehr die als anonym und übermächtig erlebte Gesellschaft, die unmittelbare Anpassung fordert.

Die autoritäre Erziehung an der *Schule* bestätigt und bestärkt diese psychische Deformation. Nur langsam werden die unerträglichen und autoritären Zustände an den Berufs- und Ingenieurschulen bekannt. In den Schülermitverwaltungen lernt der Heranwachsende praktisch, was Demokratie ist: ein formales System von Spielregeln ohne Auswirkungen auf die eigene Situation, das heißt, er verlernt den Anspruch auf effektive Selbstbestimmung. Erwähnt sei noch die integrierende Funktion der ›Staatsbürgerkunde‹, deren Ziel die »Verpflichtung des Staatsbürgers zum Verantwortungsbewußtsein gegenüber der Staatsgewalt und zur sozialen Einordnungsbereitschaft« ist.[9]

Abgeschlossen wird dieser Instanzenweg der ›Sozialisierungen‹ durch die fast unentrinnbare Integration in die heute gegebene *Arbeitssituation*. Diese müßte schichtspezifisch analysiert werden; ich beschränke mich auf eine kurze Erörterung der Arbeitssituation der Arbeiter in den Großbetrieben. Sie ist ein Beispiel dafür, daß die spätkapitalistische Organisation der Produktionsverhältnisse die psychische Anpassung auch ganz unmittelbar vorantreibt. Der Bereich, in dem der Arbeiter den Hauptteil seines Lebens verbringt, der Produktionsbereich, ist nicht demokratisch organisiert. Der Arbeitende erlebt sich als Objekt, verfügbar, abhängig, ohne effektive Einwirkungsmöglichkeit auf das eigene Schicksal. Da er im Kalkül der unternehmerischen Kapitalverwertung nur als Lohnkostenfaktor auftritt, sind seine Arbeitsbedingungen durch das Interesse optimaler Kapitalverwertung, nicht aber durch seine eigenen Bedürfnisse bestimmt; für ihn sind sie monoton, abstumpfend, verdummend. Neue, ›objektive‹ Methoden der Arbeitswerbung, die mit fortschreitender Automatisierung eingeführt werden (zum Beispiel das MTM-System), zerstören nicht nur die technische, sondern auch die psychische Fähigkeit zur Kommunikation zwischen den Arbeitern (zum Beispiel in der Frühstückspause); diese Isolierung verhindert jede kollektive Bewußtseinsbildung. Das Ausbildungsniveau des Arbeiters wird so niedrig wie möglich gehalten — »um Anpassungsprobleme zu vermeiden«, wie ein französischer Großindustrieller erklärte.[10]

In der Phase des Frühkapitalismus war der Kapitaleigner noch als Antreiber und Ausbeuter sinnlich faßbar; im Haß gegen ihn konnte der Arbeiter wenigstens einen Teil seiner Identität, seines Selbstbewußtseins retten. Heute sind die Kapitaleigner unfaßbar geworden; der Vorgesetzte (etwa der Meister) ist, wie man selbst, abhängig von Anordnungen von ›oben‹; die Instanz, von der alle abhängig sind, erscheint als unüberschaubarer Apparat, als übermächtige Gesetzlichkeit eines naturhaften Produktionsprozesses. Der Protest gegen die Unmenschlichkeit der eigenen Arbeitssituation findet keine Adressaten mehr, er stößt ins Leere, er erstickt schon beim Versuch seiner Artikulation. Die Folgen sind: ziellose Aggressionen, Verlust der Spontaneität, Resignation, Apathie, Angst — das proletarische Selbstbewußtsein verschwindet.

Die *Freizeit*, nach liberalem Verständnis Enklave der Freiheit und der Identitätsfindung, nimmt den Arbeitenden, kaum daß er dem Betrieb entronnen ist, auch von der anderen Seite her in die Zange: Hier wird er zum Objekt der Konsumindustrie, der manipulierten ›Bedürfnissteuerung‹. Angst, Verlust der Spontaneität und des Selbstbewußtseins, die Abfallprodukte der Ausbeutung und des Verfügtwerdens in der Arbeitssituation, werden in der Freizeit selbst ausgebeutet: Wenn du dich diesem Konsumzwang nicht unterwirfst, wirst du mit sozialem Prestigeverlust bestraft usw.

Als Absicherung des ›sozialen Friedens‹, das heißt als Belohnung und Kompensation für die widerspruchslose Hinnahme der psychischen Verelendung, werden ein paar Ersatzfreuden angeboten: die Erhöhung des Lebensstandards; die sogenannte ›Sex-Welle‹, deren kommerzieller Hintergrund und manipulativer Einsatz aber gerade nicht die Emanzipation hält, die sie verspricht; die Konsumtion von Omnipotenzsymbolen und -träumen. Diese Ersatzfreuden stabilisieren die psychische Bilanz: Sie verhindern den Ausbruch aus der gesellschaftlich nützlichen psychischen Deformation der Lohnobjekte und Zwangskonsumenten. Die verbleibenden Aggressionen, die gerade in ihrer Ziellosigkeit manipulierbar sind, werden auf Sündenböcke, exotische Minderheiten, Juden, Gammler, Gastarbeiter und — von der Springer-Presse dirigiert — politisch aktive Studenten umgelenkt. Das spätkapitalistische System mit seinen in die Individualpsyche hineinreichenden Stützungsmechanismen vollendet sich in dieser scheinbar unangreifbaren Selbststeuerung: Auch die Störungen dienen nur der Absicherung des Systems: »die studentische Linke hilft insofern, den Betrug zu stabilisieren, als sie, der neue Sündenbock, das fetischisierte ›Wir‹ von immanenten aggressiven Spannungen entlastet.«[11]

Rationale Appelle allein sind diesem System gegenüber machtlos, sie prallen wirkungslos an ihm ab. Die Frage ist nur, ob ihm gegenüber eine reflektierte *Praxis*, die auch psychische Tatbestände berücksichtigt und die Stärkung des Ichs vorantreibt, eine Chance hat.

Die Innenwirkung der Tabuverletzungen

Eingangs erwähnte ich den Rat der Liberalen an die Studenten, auf die Straße zu gehen und dort zu diskutieren, ohne zu provozieren. Abgesehen von seiner nun vielleicht einsehbaren Aussichtslosigkeit unterschlägt dieser Ratschlag ein entscheidendes Vorproblem: *Wer* soll denn hier das Subjekt der Aufklärung sein, und wie steht es mit der psychischen Konstitution dieses Subjektes? Wird hier nicht die Existenz einer Gruppe von ›Aufklärern‹ unterstellt, die in irgendeiner windstillen Ecke dieser Gesellschaft aufgewachsen sein müssen und die nun die klassischen Bedingungen des emanzipierten Bewußtseins erfüllen: Aufgeklärtheit, Rationalität, Zivilcourage, ungebrochene Spontaneität, Durchhaltevermögen, Ich-Stärke? Von welchem Stern sollen sie gefallen sein? Bei der vorherrschenden Allgemeinheit psychischer Deformation und Ich-Schwäche können es nur pathologische Sonderfälle sein, die diese Bedingungen erfüllen.

Erstaunlich ist es, daß sich *überhaupt*, und zwar zuerst gerade unter Studenten und Schülern, Ansätze zu einer gesellschaftlichen Fundamentalposition gebildet haben. Ein

Grund ist die objektive ›Proletarisierung‹ der (wissenschaftlich-technischen) Berufe, die ein ständig wachsender Teil der Studenten auf sich zukommen sieht — und zwar in doppelter Hinsicht auf sich zukommen sieht, denn die Maximen dieser Berufe, fremdbestimmte Effektivierung und Spezialisierung, werden auch immer mehr zu Maximen der Ausbildung selbst. Ein zweiter Grund ist die vorläufig immer noch vorhandene relative Privilegiertheit der Studenten: ihre temporäre Herausnahme aus dem materiellen Produktionsprozeß oder aus Machtpositionen, die das Bewußtsein korrumpieren, ihr Bildungsprivileg und viel freie Zeit. Aber auch diese temporär Privilegierten sind Produkte unserer Gesellschaft — mit all ihren psychischen Implikationen (vgl. die hohe Zahl von Neurosen unter Studenten!). Unter den Studenten und Schülern, auch unter den ›linken‹, ist der autoritäre Charakter mit seiner Ich-Schwäche, seinem Mangel an Spontaneität, seinem Gefühl der Ohnmacht und seiner Bereitschaft zur Resignation der vorherrschende.

Ein entscheidender Gesichtspunkt bei der Beurteilung von Tabuverletzungen ist deshalb ihre Innenwirkung auf die Provozierenden selbst. Denn die erste Aufgabe ist die »Revolutionierung der Revolutionäre« als »die entscheidende Voraussetzung für die Revolutionierung der Massen«.[12] Tabuverletzungen haben zunächst den Sinn, die eigene psychologische Fixierung auf gesellschaftliche Normen und Symbole, die das bestehende Herrschaftsverhältnis garantieren und repräsentieren, aufzulösen. Leider reicht die intellektuelle Einsicht in die eigene autoritäre Disposition zu ihrer Überwindung nicht aus, sie muß handelnd überwunden werden, wenn sie überhaupt überwunden werden kann. Die eigene irrationale Angst vor der professoralen, polizeilichen, richterlichen, betrieblichen, politischen Autorität, das heißt vor der Autorität der Herrschaftsinstanzen, kann nicht durch Akte der Introspektion bewältigt werden, sie kann nur durch rational kontrollierte, praktische ›Aufsässigkeit‹ bekämpft werden. »Wir in einer autoritären Gesellschaft aufgewachsenen Menschen haben nur eine Chance, unsere autoritäre Charakterstruktur aufzubrechen, wenn wir es lernen, uns in dieser Gesellschaft zu bewegen als Menschen, denen diese Gesellschaft gehört, denen sie nur verweigert wird durch die bestehende Macht- und Herrschaftsordnung des Systems,«[13] nicht aber durch die eigene Gratis-Angst, die eigene Gratis-Resignation. Die Tabuverletzung versucht die Einübung in diese neue Bewegungsfreiheit; sie antizipiert eine Gesellschaft ohne Herrschaftsstrukturen und ihre psychischen Korrelate, die Tabus. Sie ist Vorwegnahme der Freiheit, noch nicht diese Freiheit selbst; deshalb wird sie selten elegant, meistens grobschlächtig und rüpelhaft erscheinen, da in ihr vor allem die eigene Angstbarriere übersprungen werden muß.

In der Provokation *erkennt* der Provozierende die eigene psychische Verstrickung in die bestehende Gesellschaft — und gewinnt damit eine wichtige Einsicht in ihre Konstitution. Selbsterkenntnis und Gesellschaftserkenntnis sind dabei untrennbar verbunden: Beim Durchbrechen der Barriere diffuser Angst verliert diese die Eigenschaft, ein kosmisches Gesetz zu sein, sie wird als eigenpsychische Beschränktheit erkennbar; daß auf diesen Durchbruch kein übersinnliches Strafgericht, sondern höchstens der polizeiliche Knüppel folgt, bedeutet die Erfahrung, daß die verinnerlichte Norm fremder Herrschaftssicherung diente. Überhaupt dienen Tabuverletzungen der Aufdeckung von Herrschaftsmechanismen, die sonst verborgen bleiben würden — ein entscheidender Erkenntnisprozeß in einer Gesellschaft, die den Mechanismus ihrer Herrschaftsausübung nicht transparent werden lassen darf, damit dieser überhaupt funktioniert. Wenn um eine verträumte Universitätsstadt Truppen des Bundesgrenzschutzes zusammengezogen werden, weil dort Studenten demonstrieren, wenn ein Rektor nach der Polizei ruft, weil Studenten unter Mißachtung seines Hausrechts und seiner Autorität ein Teach-in abhalten, wenn Schuldirektoren die Polizei holen, weil Schüler unerwünschte Flugblätter verteilen, wenn Unternehmer und Gewerkschaft gemeinsam zur Wiederaufnahme der Arbeit aufrufen, weil die Kumpel ›wild‹ streiken, wenn nur ein würdiger Amtsgerichtspräsident unbeherrscht zu brüllen anfängt, weil er nicht der gewohnten Unterwürfigkeit begegnet, so sind das unersetzliche Aufklärungen über bestehende Gewaltverhältnisse und die ihnen zugrunde liegende Irrationalität.

Hinzu kommt die Erfahrung, daß der Abbau der eigenen Ich-Schwäche, die Überwindung der eigenen Angst-Barriere nur als kollektive Leistung möglich ist, daß nur die solidarische Aktion die individualistische, notwendig resignative Beschränktheit überwinden kann.

Inzwischen sind aber auch die *Schwierigkeiten* sichtbar geworden, mit denen alle Versuche, die eigenen autoritären Einstellungen kollektiv aufzulösen, zu kämpfen haben. Sie zeigten sich zum Beispiel darin, daß

— sich naturwüchsig innerhalb der antiautoritären Bewegung autoritäre Strukturen wiederherstellten: es entstanden wieder tabuisierte Führer und Verhaltensweisen (zum Beispiel der zeitweilige Zwang zur Promiskuität in einigen Kommunen); die folgerichtige Auflehnung gegen Tabus und Autoritäten im eigenen Lager ging zeitweise bis zur Selbstzerfleischung;

— die antiautoritäre ›Phase‹ allzu eilfertig und erleichtert für ›überwunden‹ erklärt wurde — diese ›Überwindung‹ bedeutete in einem wichtigen Punkt die Kapitulation: das ungelöste Problem der autoritären Charakterstrukturen der Linken selbst wurde einfach verdrängt; die Flucht vieler ehemaliger ›Antiautoritärer‹ in Fraktionen, die eine straffe Organisation und rigide Schulung anbieten und unbedingte Disziplin fordern, ist Ausdruck dieser Verdrängung.

— Exemplarisch ist es, daß die Emanzipation der Frauen innerhalb der linken Bewegung vorläufig gescheitert ist. Die Tabus, die hier zerbrochen werden müssen, liegen zu tief und sind soziokulturell zu tief verankert.

Diese Schwierigkeiten sind individualpsychologisch leicht zu erklären; autoritäre Deformationen, die in unserer Gesellschaft fast allen Menschen in den ersten und entscheidenden Jahren beigebracht wurden und die sich in den folgenden zwei Jahrzehnten verfestigen, können durch noch so radikale, politische ›Gruppentherapien‹ nur in sehr beschränktem Maße überwunden werden.

Es ist deshalb konsequent, antiautoritäre Kinderläden einzurichten — nur muß noch geklärt werden, daß antiautoritäre Erziehung sich nicht darin erschöpft, möglichst repressionsfrei zu sein; das nur repressionsfrei aufgezogene Kind wird scheitern, wenn es der immer noch repressiven Umwelt ausgesetzt wird. Antiautoritäre Erziehung in unserer Gesellschaft heißt auch: Vorbereitung und Einübung der selbstsicheren, kämpferischen Auseinandersetzung mit den herrschenden Tabus und Autoritäten. Wenn diese ›Erziehung‹ Erfolg hat, lassen sich allerdings auch für die ›linken‹, aber noch autoritär eingestellten, ich-schwachen Eltern selbst Ungelegenheiten nicht vermeiden.

Die Außenwirkung von Tabuverletzungen

Die Wirkung, die die Tabuverletzungen der aktiven Linken auf den Rest der Bevölkerung ausübten, schien katastrophal zu sein: sie schienen nur Intoleranz, Ressentiment und Haß hervorzurufen. Die Berliner ›Gegendemonstration‹ weckte Erinnerungen an vergangen geglaubte faschistische Massenhysterien; Passanten, die Rudi Dutschke angeschossen auf dem Kurfürstendamm liegen sahen, sollen nur geäußert haben: »der röchelt ja noch!« Man begegnete häufig der These, die Aktionen der Linken bewirkten die Refaschisierung des Volkes, ganz gleich, wie man ihre emanzipierende Wirkung auf die ›Aktivisten‹ selbst zu beurteilen habe.

Diese These unterschlägt zunächst die fortschreitende Zerstörung der noch verbliebenen liberalen Reservate in unserer Gesellschaft — eine Zerstörung, die lange vor den ersten Aktionen der Studenten einsetzte. Trotzdem muß untersucht werden, ob Tabuverletzungen überhaupt — nicht nur von Studenten — ein notwendiges Mittel grundlegender politischer Veränderung sind oder ob sie nur dazu dienen können, den herrschenden Trend noch weiter voranzutreiben.

Eine einfache Antwort ist hier nicht möglich. Die Studentendemonstrationen haben wohl auf einen Teil der Bevölkerung so gewirkt, daß die provokatorische Störung der starren Autoritäts- und Ordnungsvorstellungen die autoritären Dispositionen verstärkte. Der Neid und das Ressentiment der Beschädigten gegenüber der Anmaßung, die eigene Beschädigtheit abbauen zu wollen; die panische Angst des ich-schwachen Charakters vor dem Zusammenbruch der eigenen Ordnungsvorstellungen, Autoritätssymbole und Verhaltenstabus: sie schlagen um in wütende Aggression gegen den Störer, der es wagt, das Gleichgewicht psychischer Deformation zu bedrohen. Hier ist das Ergebnis die freudige und totale Identifikation mit den prügelnden Polizisten, der strafenden Justiz. Hier funktioniert der Mechanismus systemkonformer Selbststeuerung; die überschüssige, ziellose Aggressivität kann sich entladen, indem sie ihr Ziel findet in einer Gruppe, die die gesellschaftlichen Voraussetzungen dieser Aggressivität aufheben will.

Die Außenwirkung der Tabuverletzungen ist jedoch vielschichtiger. Die diffuse Angst, die die Übertretung verinnerlichter gesellschaftlicher Normen verhindert, bedarf zu ihrer Bestätigung der sofortigen Bestrafung, möglichst der Vernichtung der tabuverletzenden Minderheit — der Tabuverletzter muß auf der Stelle ›aussätzig‹, er muß sichtbar selbst ›tabu‹ werden. Wenn aber »nicht jeder Verstoß gegen Normen konkrete Sanktionen nach sich zieht, fällt auch der gesellschaftlich nützliche Glaube an die Belohnung normgesteuerten Verhaltens.«[14] Wenn die Tabuverletzter nicht sofort vom rächenden Blitzstrahl getroffen werden, wenn es ihnen gelingt, sich der unmittelbaren Strafe — zum Beispiel durch knüppelnde Polizisten — zu entziehen, wenn sie überdies noch gelöster, freier, glücklicher erscheinen, dann gerät die autoritäre Charakterstruktur manchen Zuschauers aus dem Gleichgewicht, der Mechanismus seiner Ich-Schwächung beginnt zu ›flattern‹. Das bestätigen zum ersten Mal Berichte über die Wirkung, die die APO-Demonstration am 1. Mai 1968 in West-Berlin auf viele unbeteiligte Zuschauer ausübte.

Es ist deutlich, daß es vor allem für die Außenwirkung wichtig ist, *wie* die Demonstration, die provokatorische Aktion durchgeführt wird. Die Außenwirkung der heroischen Niederlage, vor allem gegen die Polizei, ist negativ, so brutal die Polizei dabei auch vorgehen mag; die autoritäre Charakterstruktur des Zuschauers wird durch diese Niederlage nur bestätigt. Wenn jedoch die Taktik beweglich ist, wenn die ›Störer‹ durch die Polizei schwer zu stellen und zu isolieren sind, wenn Spontaneität, Phantasie und Zielbewußtsein zusammengehen, ist eine positive Außenwirkung möglich; wie die Erfahrungen zeigen, ist sie unter solchen Bedingungen tatsächlich vorhanden. So zeigte sich eine Spur von Aufsässigkeit bereits in gesellschaftlichen Bereichen, in denen man dergleichen nie für möglich gehalten hätte — zum Beispiel versuchten sogar schon die Richter, im Mai 1968 eine Art Kurzstreik für Gehaltsaufbesserungen durchzuführen. Er glückte allerdings noch nicht ganz.

Arbeiter und Tabuverletzungen

Die Frage ist zu unterteilen: 1. Wie reagieren die Arbeiter auf die Tabuverletzungen von Studenten und Schülern? Und 2. die viel wichtigere Frage: Steht auch die Arbeiterbewegung heute vor der Notwendigkeit, eine spezifische Form des antiautoritären, tabuverletzenden Kampfes zu entwickeln?

Gerade bei den Arbeitern scheint die Reaktion auf Studentendemonstrationen unmittelbar negativ zu sein. Der Mechanismus wurde schon beschrieben, dem vor allem jüngere Arbeiter unterworfen sind, die bisher wenig Gelegenheit hatten, proletarisches Selbstbewußtsein zu entwickeln: Die eigenen Aggressionen, deren wahre Ursachen gar nicht erst durchschaut werden, richten sich gegen die langhaarigen Sündenböcke. Bei vielen älteren Arbeitern addiert sich zu dem historisch berechtigten Ressentiment gegen die privilegierten Herrensöhnchen das akute Gefühl der Bedrohung, das sie angesichts der systematischen Tabuverletzungen empfinden — und zwar einer Bedrohung gegen die fast vollkommene Verdrängung ihrer eigenen Vergangenheit: ihrer eigenen proletarischen Streiks und Demonstrationen. Das Ergebnis kann sein die »resignative Identifikation mit den ›übermächtigen‹ Institutionen« und der Wunsch, »daß die studentische Bewegung zerschlagen werde und damit die Erinnerung an die eigenen historischen Möglichkeiten«.[15]

Manche studentischen Theoretiker sehen in den spontanen Streiks des Septembers 1969 eine untergründige Reaktion der Arbeiter auf die vorgehenden antiautoritären Aktionen der Studenten und Schüler. Dieser Zusammenhang ist weder beweisbar noch mit Sicherheit widerlegbar. Sicher ist nur — und damit nähere ich mich der zweiten Frage —, daß diese Streiks bei den beteiligten Arbeitern erhebliche Einstellungsänderungen bewirkten. Auch in den militanten Demonstrationen verändern sich die Beteiligten — der Unterschied ist nur, daß ein spontaner Streik für den Arbeiter noch erheblich existenzgefährdender ist als eine Straßendemonstration für den durchschnittlichen Studenten.

Aber auch die Ausgangsposition ist verschieden. Unsere Gesellschaftsordnung kann es sich noch leisten, Studenten und Schülern ein gewisses Maß an Narrenfreiheit einzuräumen — zum Beispiel Streiks an den Hochschulen sind für die bestehende Herrschaftsordnung viel ungefährlicher als Streiks in den Betrieben. Diese Herrschaftsordnung lebt von Gnaden der Perfektion, mit der es ihr gelingt, den Arbeiter in Passivität und Resignation zu halten. Das probate Mittel ist vor allem die schon erörterte Kombination von nervlicher Verpowerung, autoritärer Einschüchterung und kompensatorischer Beschwichtigung; hinzu kommt die psychologische Fixierung der Arbeiter auf positive Tabus wie ›Eigentum‹, ›Verantwortung‹, ›Anstand‹ und ›Ordnung‹, auf negative Tabus wie ›Chaos‹, ›Kommunismus‹ und ›Revolution‹.

So sind die Arbeiter in eine Passivität hineinmanövriert worden, die das Hauptproblem für ihre Emanzipation — und damit für eine grundlegende politische Änderung überhaupt — darstellt. Es ist nicht besonders schwer, den Arbeitern einsichtig zu machen, daß ›der Kapitalismus‹ die Ursache allen Übels ist — für sie ist es längst bereitliegende Erfahrung, daß Geld die Welt regiert und der Arbeiter immer der Dumme ist. Das Problem ist, daß sie keine Möglichkeit sehen, daran etwas zu ändern. Und dies ist erst in zweiter Linie ein *Erkenntnis*-Problem; in gewohnter, resignierter Passivität verzichten sie von vornherein auf Erfahrungen, die eine solche Möglichkeit aufdecken könnten. Das Erkenntnisproblem ist erst ein Folge-Problem: Viele Arbeiter begründen ihr Mißtrauen gegenüber sozialistischen Modellen ausdrücklich damit, daß sie »bei uns ja doch nicht zu verwirklichen« sind. Und es ist besser, das Unerreichbare abzulehnen — sonst bliebe nur die Verzweiflung.

Diesen Tatbestand übersehen diejenigen linken Studenten, die morgens vor den Fabriktoren stehen und vergebens Resonanz auf wortradikale Flugschriften erhoffen. Aber auch orthodoxen Kommunisten sind psychologische Erwägungen suspekt; sie beschränken sich weitgehend auf die Feststellung, daß die Arbeiterklasse ›objektiv‹ — eben die Arbeiterklasse sei. Die Frage ist aber gerade, wie sie es unter den heutigen Umständen auch *subjektiv* werden kann.

Nur durch praktische Erfahrung kann den Arbeitern die eigene kollektive Macht wieder bewußt werden. Viele haben den ersten Schritt spontan in den September-Streiks getan. Dieser Schritt ist schon deshalb bedeutsam, weil er die Durchbrechung eines lähmenden Tabus bedeutete: deutsche Arbeiter streiken nicht,[16] erst recht streiken sie nicht ›wild‹. Die ›Wildheit‹ überließ man den Gammlern und Studenten.

Doch in dem Maße, wie die Welle der spektakulären und exotischen Tabuverletzungen abebbte, gelang es nicht mehr, die Arbeiter durch manipulierte Fixierung auf den ›Feind‹ von ihrem eigenen Problem abzulenken. Dies gelang um so weniger, als nach dem Ende des Wirtschafts-›Wunders‹ die doppelte Erfahrung der Rezession 66/67 *und* des Booms 68/69 dem Arbeiter von neuem das Bewußtsein einhämmerte, daß die Widersprüche dieser Gesellschaftsordnung auf seinem Rücken ausgetragen werden.

In den bestreikten Betrieben hat es unauslöschliche Spuren hinterlassen, daß die Arbeiter sich in den Septemberstreiks nicht von anonymen Gewerkschaftsfunktionären leiten ließen, sondern daß sie spontan handelten *und dabei Erfolg hatten*. Bei all diesen Streiks — auch bei den scheinbar erfolglosen — mußte die gewohnte Angst, die gewohnte Unsicherheit, die gewohnte Resignation abgearbeitet werden; dabei hat sich das Bewußtsein qualitativ verändert. Als Walter Arendt, der Chef der Gewerkschaft Bergbau, einer Delegation der streikenden Dortmunder Zechenarbeiter jede Unterstützung ihres Streiks verweigert hatte, mußte die Delegation dieses Ergebnis den wartenden Arbeitern berichten. Danach nahm ein Arbeiter, der Mitglied der Delegation war, das Megaphon: »Als ich da beim Vorstand war, da kam ich mir vor wie eine Null. Wir sind doch alle Nullen. Wer von euch keine Null ist, der soll hier an meine Stelle treten.«[17] Allein der Schritt von der sprachlosen Resignation zu ihrer Artikulation ist ungeheuer schwer, denn dieser Schritt entzaubert ein Tabu — die eigene Ohnmacht wird zu einem Tatbestand, der sich ändern läßt. Mit den Streiks haben die Arbeiter angefangen, sich von der lähmenden Überzeugung der eigenen Ohnmacht zu befreien.

Durch die Verquickung der gesellschaftlichen Herrschaftsinteressen mit der individuellen autoritären Disposition der Arbeiter, Angestellten und Beamten, aber auch der künftigen Techniker, Ingenieure, Lehrer, Wissenschaftler usw., ist jedes nicht nur sporadische Aufbrechen dieser Disposition, jede bewußte Aufnahme des Kampfes gegen sie zugleich auch eine unmittelbar politische Aktion gegen die bestehende Herrschaftsordnung. Jede Fundamentalopposition muß diese psychische Dimension in ihren Kampf einbeziehen, will sie überhaupt eine grundlegende gesellschaftliche Veränderung in Gang setzen — aber auch jeder konsequente Versuch, sich individuell von dem ›autoritären Syndrom‹ zu befreien, muß sich notwendig zur Fundamentalopposition gegen die herrschende Gesellschaftsordnung emanzipieren.

Anmerkungen

1 Vgl. die Dokumentation im ›Spiegel‹ vom 6. Mai 1968.
2 Bernd *Rabehl*, in: Rebellion der Studenten, Reinbek 1968, S. 167.
3 Vgl. die Untersuchung von *Agnoli*: Die Transformation der Demokratie, Frankfurt 1968.
4 Zit. nach *Habermas*: Strukturwandel der Öffentlichkeit, Neuwied 1962, S. 231 f.
5 Vgl. die immer deutlicher werdende Tendenz, die Arbeiter zu Zwangssparern zu machen.
6 Es wird hier nicht behauptet, daß irgendeine hypostasierte Manipulationsinstanz die passenden Bewußtseinsstrukturen bewußt und planmäßig *erzeugt* — behauptet wird nur, daß herrschende Gesellschaftsordnung und individuelle Bewußtseinsstruktur sich gegenseitig abstützen, daß sich allerdings im Kreislauf der wechselseitigen Abstützung beide Instanzen stabilisieren und verstärken.
7 *Brückner*: Die Transformation der Demokratie, Frankfurt 1968, S. 148.
8 K. *Horn*: Dressur oder Erziehung, Frankfurt 1967, S. 21.
9 Aus *Drahtschmidt-Schweers*: Staatsbürgerkunde, S. 97.
10 *Gorz*: Zur Strategie der Arbeiterbewegung im Neokapitalismus, S. 47. Übrigens begründete auf ähnliche Weise ein ›Springer-Repräsentant der ersten Garnitur‹ den niedrigen Informationsgehalt der Springer-Zeitungen: »Was soll's, wir brauchen doch auch in Zukunft Schuhmacher und Straßenkehrer«, zit. nach ›Spiegel‹, 5/1970, S. 62.
11 *Brückner*: a. a. O., S. 165.
12 Rudi *Dutschke*: Rebellion der Studenten, Reinbek 1968, S. 93.
13 *Dutschke*, a. a. O., S. 77.
14 *Brückner*, a. a. O., S. 113.
15 *Rabehl*, a. a. O., S. 171 f.
16 Wie sehr Streiks durch jahrelange und zielbewußte Panikmache von ›Bild‹ tabuisiert wurden, dazu vgl. die Analyse von Kajo *Herrmann*: Springerpresse und Streik, in: Heidelberger Hefte, April/Oktober 1968, Heft 12/13.
17 Vgl. ›Die Zeit‹ vom 19. September 1969, S. 28.

Kommune 2:
Alltag in der Kommune

Als wir mit Schwung die siebeneinhalb Zimmer-Wohnung
im bürgerlichen Stadtteil Berlin-Charlottenburg geweißt
und geputzt hatten, bis es uns zum Halse heraushing, ein
riesiges Regal für das gemeinsame Arbeitszimmer gebaut
und Möbel beim Trödler erstanden waren, als alle männlichen Kommunarden ein überdimensionales Bett in einem
der Zimmer aufgebaut hatten und der große Eßtisch im
Berliner Zimmer seine endgültige Form und Farbe erhalten hatte, da waren wir uns alle darüber einig, daß
die Aufteilung und Einrichtung der Zimmer nur vorläufig bestehen bleiben sollte.

In den Diskussionen über die Einrichtung unseres Domi-
zils haben wir festgestellt, daß jeder individuell verschiedene und ganz bestimmte Vorstellungen darüber hatte, wie
ein Zimmer aussehen sollte. Diese Vorstellungen brachte
jeder aus seiner Geschichte mit; sie waren nicht rational
und objektiv zu begründen, trotzdem wollte keiner seine
Idee einer nichtbürgerlichen Wohnung ohne weiteres auf-
geben. So beharrte Eike auf einem riesigen schwarzen
Schreibtisch aus Eiche, der mit seiner Wuchtigkeit das
ganze Arbeitszimmer dominierte — den Gegenvorschlag,
für jeden einfache Arbeitsplatten aufzustellen, lehnte er
ab. Bei näherem Zusehen entdeckten wir, daß die Einrich-
tungsrequisiten für jeden eine besondere Bedeutung hatten. Diese Bedeutung ergab sich — ähnlich wie bei bestimmten Verhaltensformen — aus der Bewältigung seiner
speziellen Vorgeschichte. So stand also etwa hinter Eikes

Beharren auf dem Schreibtisch der (unbewußte) Wunsch, durch dieses Möbelstück, das den Raum beherrschte und hinter dem man sich verschanzen konnte, die Rolle einer väterlichen Autorität zu übernehmen.

Ganz allgemein fanden wir heraus, daß unsere Vorstellung über die Inneneinrichtung einer Wohnung immer noch bestimmt war durch den Wunsch nach einer bürgerlichen Sicherheit. Diese soll durch die ästhetische Ausstattung eines Zimmers entstehen, mit der man sich eine nicht vorhandene Individualität vorgaukelt. Im Planen des ›Schöner Wohnens‹ erschöpft sich die Möglichkeit des Bürgers, die Verhältnisse seiner Umwelt aktiv gestalten zu können. Den ›eigenen vier Wänden‹ als Krücke einer falschen Sicherheit und Freiheit wollten wir gemeinsame Eß-, Schlaf- und Arbeitsräume gegenüberstellen. Verwirklicht wurden nur Arbeits- und Aufenthaltsraum, die Entstehung getrennter Schlafräume beruhte auf anderen Kräften.

Auf der Suche nach einem gemeinsamen Arbeitsprojekt, das wir nur allgemein bestimmen konnten, und einig in dem Bedürfnis, unsere bürgerliche Charakterstruktur aufzubrechen, konnten wir unsere gemeinsame Praxis nur in der Formel zusammenfassen: »Jeder kann Tätigkeiten außerhalb der Gruppe nachgehen (Studium, verschiedene politische Arbeit) und Beziehungen zu anderen haben. Nur muß klar sein, daß im Konfliktfall das Interesse der Gruppe vorgeht.« Die einzige kontinuierliche, von allen gleichmäßig getragene Tätigkeit war daher zu dieser Zeit die gemeinsame Reproduktion und der organisatorisch geregelte Ablauf des Alltags. Teilweise beruhte das gute Funktionieren der Organisation sicher auf der Tatsache, daß die beiden Kinder, die im Oktober endgültig zu uns kamen, gewisse Notwendigkeiten setzten: morgens aufzustehen, um sie zum Kindergarten zu bringen, und sie abends abzuholen.

Organisiert wurden vor allem:

1. Die Reproduktion der Gruppe — horizontaler Finanzausgleich (Ausgleich der verschieden hohen individuellen Einkünfte, damals durch Jobs, Stipendien und Unterstüt-

zung der Eltern), bald auch ergänzt durch Verkauf und Drucken von Broschüren,

2. die gemeinsame Planung des Konsums,

3. gemeinsame Führung des Haushalts — Kochen, Einkaufen, Abwaschen und Aufräumen, Kassenbuch führen und kontrollieren,

4. die Beschäftigung mit den Kindern.

Alle diese notwendigen und mitunter lästigen Arbeiten wurden reihum nach einem im voraus festgelegten Plan durchgeführt.

Bei dieser Beschreibung fällt das Außergewöhnliche des Kommunealltags überhaupt nicht mehr auf; deshalb wollen wir versuchen, es am subjektiven Bericht von Eberhard über den Alltag in der Kommune zu verdeutlichen.

Bericht über den Kommunealltag

»Ich war wohl mein ganzes Leben lang noch nie so viel ›zuhause‹, dort, wo ich wohne, wie in der Kommunezeit. Früher war ich regelmäßig den ganzen Tag über weg, in der Uni, in Bibliotheken, Schwimmbädern, hockte bei Freunden herum oder war mit irgendwelchem Kram beschäftigt — als Besorgungen oder Erledigungen bezeichnet —, abends habe ich dann ein Abendbrot zu mir genommen, meist allein, zwischen irgendwelchen Büchern, eine lästige Gewohnheit, zur Nahrungsaufnahme notwendig. Und hinterher zog es mich wieder weg, egal ob ich mir vorgenommen hatte, heute mal in Ruhe was zu lesen oder zu schreiben, oder nicht, es zog mich ins Kino, zu einer politischen Veranstaltung, in eine Kneipe oder ein Tanzlokal.
Diese Gewohnheiten waren eigentlich nicht deswegen schlecht, weil es Gewohnheiten waren, sondern weil sie überhaupt keine Beziehung mehr zu dem hatten, was ich mit ihnen eigentlich erreichen wollte: Kommunikation mit anderen, die die gleichen Interessen hatten, Befriedigung von erotischen und intellektuellen Bedürfnissen; vom Bedürfnis, mich zu bewegen, mich in dem, was ich tue und denke, von anderen bestätigen zu lassen. Natürlich bildeten sich auch in der Kommune Gewohnheiten, feste Einrichtungen, aber sie hatten sich nicht verselbständigt, sondern waren immer noch verbunden mit den Bedürfnissen, zu deren Befriedigung sie nur den Rahmen abgeben sollten.
Das will ich am gemeinsamen Abendessen deutlich machen, der einzig festen Einrichtung, die sich über alle Stürme hinwegge-

rettet hat. Die Zeit dazu war bestimmt durch die Kinder, die um fünf Uhr aus dem Kindergarten kamen und vor dem Schlafengehen noch Zeit zum Spielen, vor allem für ihre Sexspiele haben sollten. Deshalb gab es zwischen sechs und acht irgendwann Essen.

Wir hatten meist das Menu im Laufe des Tages zusammen überlegt. Es war leicht, da Übereinstimmung zu erzielen, weil wir alle sehr gern kochten und auch bis auf einige Kommunespezialitäten, die wir immer wieder essen wollten, sehr viele Einfälle hatten. Auch ich hatte gelernt, meine Spiegelei-Steaks-Variationen zu erweitern.

Trotz großer Anstrengung machte es mir Spaß, wenn ich dran war, möglichst gleichzeitig abzuwaschen, das Eßzimmer aufzuräumen, Salat, Fleisch, Kartoffeln usw. gleichzeitig vorzubereiten, so daß alles zur gleichen Zeit fertig wurde. Bei diesem Konzentrations- und Planspiel wollte ich natürlich auch gleich die ganze Kapazität unseres Gewürzregals nach den Anleitungen unserer Spezialisten (Marion, Jan) ausnutzen. Diese Gleichzeitigkeit habe ich nur selten geschafft, so daß mir die anderen manchmal halfen und bei großem Hunger und gutem SF-Beat wir sogar alle zusammen in der Küche das Essen produzierten.

Plötzlich stand dann das Essen auf dem riesigen Tisch, und jeder ergatterte sich einen Platz; möglichst an einem Ende, weil die anderen einen dann bedienen mußten, und weg von den Kindern, weil man denen helfen mußte.

Daß die Zimmertüren offen stehen, stört nur am Anfang des Essens, das äußere Bild vom klassischen Abendmahl wird nicht nur durch Kindergeschrei gestört. Nach dem Fraß legt irgend jemand eine Platte auf, die Kinder setzen voller Energie ihr unterbrochenes Spiel fort, indem sie Stühle zu einem Auto zusammenstellen, ich trage den Rest Salat raus, den ich mir später nochmal anmachen will. Die anderen legen sich stöhnend auf das Messingbett oder die Matratzen und summen oder dösen vor sich hin. Später fängt einer an zu tanzen, die Kinder machen mit, in einer Ecke tanzen drei zusammen. Die Kinder drehen sich so lange im Kreis, bis sie vor Schwindel umfallen, sie wollen auf unsere Schultern. Das ist anstrengend, aber es macht Spaß, mit den kreischenden Viechern auf den Schultern und einem ebensolchen Gespann gegenüber, sich zu den Stones zu bewegen. Zwischendurch trinke ich einen Schluck Wein, es wird diskutiert, wer Zigaretten holt, man berät, ob wir noch einen Kaffee trinken sollen. Ich weigere mich, ihn zu machen, da ich sowieso abends keinen mehr trinke, schnappe mir ein Kind und turne dann mit den beiden abwechselnd zwischen Tisch und Matratzen herum. Marion und Christel tanzen schon länger, ihre Bewegungen passen immer besser zusammen, ich habe plötzlich Lust, mitzumachen, wir bewegen uns zuerst im Dreieck, dann kommen die Kinder dazu, wir bilden einen Kreis, immer mit einem in der Mitte. Wir unterhalten uns darüber, daß die Kinder später wohl keine Schwierigkeiten mehr haben, sich in jeder Situation so zu bewegen, wie es ihnen Spaß macht. Mir ist heiß geworden, ich ziehe mir das Hemd aus und bemerke dabei, daß die anderen barfuß tanzen. Aber ich habe keine Lust, mir die Füße heute zu waschen.

Wir einigen uns darauf, daß Jan einen Tee kocht, während ich die Kinder ins Bett bringe. Marion kommt mit ins Kinderzimmer. Ausgezogen sind sie schnell, wir toben noch etwas mit ihnen herum, als sie sich zunehmend mit sich selbst beschäftigen, ziehen wir uns wieder zu den anderen zurück. Mit dem Tee gehen Unterhaltung und Tanz weiter, zu der Musik jetzt immer wieder das Lustgeschrei der Kinder aus dem Nebenzimmer. Etwas später kommen die Kinder zu uns rein und sagen, wir sollten die Musik leiser machen, sie könnten sonst nicht schlafen. Das geschieht, und sie zischen wieder ab. Es ist inzwischen kurz vor neun, ich bringe noch ein paar Sachen in die Küche, die anderen helfen mir, mein Pensum ist erledigt, ich ziehe mich für heute zurück und lese in den Zeitungen, die ich zwar heute morgen gekauft habe, aber noch nicht lesen konnte.

Soweit ein Beispiel dafür, was sich konkret an meinem Alltag in der Kommune verändert hat. Wenn ich früher tanzen wollte, ging ich zu irgend jemand, der ein Fest machen wollte. Die Linken sind bekannt dafür, daß sie nicht feiern können, weil ihnen die Planung eines Festes mit allem, was dazu gehört, zuwider ist, verständlicherweise. Bei uns gehörte das Tanzen, Herumliegen, Reden und Sichbewegen, die allgemeine Zärtlichkeit nicht zu vergessen, eine ganze Zeit lang dazu, ergab sich wie von selbst aus der Atmosphäre. Wer bei uns gegessen hatte, machte mit, oder auch nicht, wenn er keine Lust hatte. Nicht nur das Essenvorbereiten, der Konsum selbst machte mir großen Spaß; auch das, was sich daraus spontan ergab, gehörte dazu, setzte die Kommunikation auf einer anderen Ebene fort.

Das war das gemeinsame Abendessen. Meinen allgemeinen Eindruck über den Alltag in der Kommune kann ich nicht mit einem Satz beschreiben. Er besteht aus permanentem Gespräch mit den anderen, in der Küche, im Bad, im Fahrstuhl, und eigentlich nie angestrengter Konversation, sondern nur das, was einen interessiert, politische Sachen, unsere Finanzen, die anliegende Arbeit, persönliche Wünsche oder Schwierigkeiten. Das geht so weit, daß wir andere Leute, die uns besuchen, erst einmal herumsitzen und zuhören lassen, sie in die Situation der Gruppe mit einbeziehen, bevor wir auf sie eingehen.

Dazu kommen die dauernden neuen Aufgaben, Anregungen, Informationen von außen. Es entsteht über Äußerlichkeiten immer wieder der trübe Eindruck, im Zentrum der linken Be-

wegung zu stehen (manchmal pro Stunde 20 Anrufe, pausenlose
Besuche, Anfragen von allen möglichen Institutionen über jeden
Scheißdreck). Alles, wozu man als Privatmensch auf die Straße,
in die Uni, in Arbeitskreise gehen muß, kann man scheinbar
hier haben. Das führt zu einer Atmosphäre dauernder Anspan-
nung, die eine enterotisierende Wirkung für das Gruppenleben
und den einzelnen hat. Es fehlt die gemeinsame Tätigkeit, auf
die man sich zusammen mit den anderen gerne konzentriert.
Das ist sicher ein Grund dafür, daß wir unseren erotischen und
sexuellen Bedürfnissen relativ isoliert von der Gruppe nachge-
gangen sind, uns neben dem anstrengenden und anregenden
Gruppenleben auf ein Verhältnis als ›Ruhepol‹ zurückgezogen
haben. Das Zusammensein der Gruppe stand in solchen Situa-
tionen eigentlich immer unter einem bestimmten Aspekt (zu
diskutieren, Analyse zu machen, etwas vorzubereiten), meine
Entspannung reduzierte sich auf das Zusammensein mit Marion,
nach getanem Kommunewerk.
Zum Glück wurden diese Hochdruckperioden, die entweder
von außen bestimmt waren (Mitarbeit bei größeren Kampagnen,
Vorbereitung von Demonstrationen) oder von uns (Vorbereiten
und Druck einer Broschüre), von richtigen Gammelperioden
abgelöst.«

So wurde ein kollektiv organisierter Alltag in der Kommune vom einzelnen erlebt. Wir wollen unsere Entwicklung zur ›Revolutionierung des Alltags‹ in der Kommune
festhalten, weil wir daran zeigen können, wie wichtig es
ist, daß die Form des Zusammenlebens ohne Gruppen-
zwang und autoritär festgelegtes Konzept entsteht. Allerdings war die konkrete Form, in der wir den Alltag organisiert haben, von der historischen Entwicklung und der
speziellen Zusammensetzung unserer Gruppe abhängig und
kann daher nicht ohne weiteres übertragen werden.
Mit den Regelungen für die Bereiche Haushalt, Lebensunterhalt und Kindererziehung wurde zwar ein gewisser
Zwang auf die aktuellen Bedürfnisse des einzelnen aus-
geübt, aber dieser Zwang beruhte auf kollektiver Einsicht
in die beste Form der Organisation unserer Bedürfnisse
und konnte jederzeit umgestoßen werden, wenn die Regelung nicht mehr unseren Vorstellungen entsprach. So haben
wir zum Beispiel das gemeinsame Frühstück zeitweilig abgeschafft, solange die meisten keine Lust hatten, morgens
zu einer bestimmten Zeit mit den anderen zu essen.

In der SDS-Wohnung haben wir zunächst nur gemeinsam zu Abend gegessen. Einkaufen und kochen sollte, wer Lust hatte. Er bezahlte selbst, und seine Ausgaben wurden in eine Liste eingetragen. Wir hatten vor, die Ausgaben am Ende des Monats zu verrechnen, was aber nicht geschah. Abgewaschen wurde abends gemeinsam oder gar nicht. Später entstand das Bedürfnis, auch gemeinsam zu frühstücken. Wir entdeckten das berühmte Kommune-Müsli, das allmorgendlich mit der Lektüre von mindestens fünf Tageszeitungen und Früchten je nach Jahreszeit zelebriert wurde.

Da der horizontale Finanzausgleich nicht auf privaten Vereinbarungen beruhen sollte und wir sinnlose Ausgaben von einzelnen vermeiden wollten, wurde die gemeinsame Kasse und zu ihrer Kontrolle das gemeinsame Kassenbuch eingeführt. Gleichzeitig wurden die täglichen Arbeiten im Haushalt eingeteilt. Das geschah im Monat Mai. In den Diskussionen, die zu unserem Organisationsplan führten, wurde wiederholt die peinliche Parallele zur Zwangsordnung in einer Jugendherberge gezogen. Aber wir konnten uns damit trösten, daß es ein entscheidender Unterschied ist, ob die Betroffenen diese Regelung nach ihren Interessen selbst einführen und ob sie jederzeit gemeinsam geändert werden kann oder ob man einer Hausordnung unterworfen ist und jede Abweichung bestraft wird.

Entgegen unseren Befürchtungen, daß durch die Regelung die Spontaneität der Individuen beschnitten wird, haben wir eine weitgehende Entlastung von dem üblichen Alltagskram erreicht, der in der Privatexistenz einen Teil der möglichen Produktivität einnimmt.

Die gemeinsame Reproduktion

Wir waren uns darüber einig, daß wir neue Formen des Zusammenlebens und -arbeitens nur entwickeln konnten, wenn wir nicht unsere finanzielle Existenzgrundlage in einer entfremdeten Arbeit isoliert beschaffen mußten. Deshalb beschlossen wir, uns die nötigen Finanzmittel — über die genannten Quellen hinaus — in einer kollektiven Arbeit zu beschaffen, die unserer Produktivkraft ›Intelligenz‹ mehr entsprechen würde und deren Inhalt, Ablauf und Einteilung wir selbst bestimmen könnten.

Wir haben deshalb alte, verschollene Texte, die wir für die linke Bewegung für wichtig hielten (vor allem aus der Sex-Pol-Bewegung), ausgegraben, auf einer eigenen Maschine gedruckt, an Genossen verkauft und vertrieben. Diese ›Raubdrucke‹ wurden ergänzt durch eigene Broschüren, Referate und dergleichen.

Man hat uns oft den Vorwurf gemacht, nicht entfremdete Arbeit innerhalb des kapitalistischen Systems sei eine illusionäre Vorwegnahme der sozialistischen Utopie. Das stimmt insofern, als wir mit unserem Gewinn letzten Endes auf die Gesetze des kapitalistischen Marktes angewiesen waren. Wir müssen dem die konkreten Erfordernisse entgegenhalten, die die neue Linke im damaligen Stadium an ihre Mitglieder stellte. Wir konnten es für berechtigt halten, mit Hilfe gesicherter Finanzquellen einen Freiraum zu schaffen. Denn in ihm wollten wir ja daran arbeiten, die Mechanismen überflüssiger Herrschaft auch im sogenannten privaten Bereich abzubauen und Methoden zu finden, um den heute möglichen Aufbau kollektiver Strukturen zu fördern.

Im Jahre 1969 ist es allerdings eine berechtigte Frage, wie die Genossen, die ihr Geld mit Raubdrucken verdienen, dies politisch rechtfertigen. Denn inzwischen hat sich gerade im Bereich politischer Literatur (›linke‹ Drucker, Buchladen, Clubs) ein Heer von Leuten eingeschlichen, die allein in ihre private Tasche wirtschaften und die ihre politische Mission darin sehen, linke Literatur zu verbreiten und den Profit für ihre privaten Bedürfnisse zu verwenden. Es wird Zeit, daß alle, die in diesem Bereich eine politische Zielsetzung vorgeben, öffentlich Rechenschaft ablegen und den Profit zur Finanzierung anderer Projekte zur Verfügung stellen. Wir müssen dafür sorgen, daß den kleinkapitalistischen Schmarotzern der linken Bewegung endlich das Handwerk gelegt wird!

Unsere speziellen Reproduktionsbedingungen waren historisch gerechtfertigt, solange die Alternative hieß: vereinzelt in der Produktion oder in Institutionen arbeiten zu müssen. Heute erscheint zunehmend die Möglichkeit, sich kollektiv am jeweiligen Arbeitsplatz zu organisieren. Damit erst wird es sinnvoll, aber auch notwendig, die Art, wie die Genossen ihren Lebensunterhalt verdienen, in die politische Diskussion miteinzubeziehen.

Für den gemeinsamen Konsum können Kommunen nach unserer Erfahrung die Widersprüche der Warenverwertung auf dem kapitalistischen Markt bei der Befriedigung ihrer Bedürfnisse ausnutzen. Wir haben die Gegenstände, die wir zum Wohnen, zum Lebensunterhalt, für Arbeit und Spiel brauchten, mehr von ihrem Gebrauchswert als von Tauschwert und Prestige (neuestes Modell usw.) her ausgewählt. Das ist nicht unsere eigene Idee, denn im linken Gegenmilieu werden ganz allgemein alte, noch gebrauchsfähige Sachen geschätzt, die für den geplanten Verschleiß des Vergeudungskapitalismus nur noch Ramsch sind, egal ob es sich dabei um Auto, Kühlschrank, Möbel oder Kleidungsstücke handelt.

Außerdem konnten wir mit relativ wenig Geld auskommen. Ein altes Auto für sieben Leute ist natürlich ökonomischer. Das gleiche gilt für den Einkauf von Lebensmitteln usw. Im Vergleich zur Einzelexistenz brauchten wir relativ wenig Geld (durchschnittlich etwa 250 DM pro Person im Monat), wobei wir auf keine der notwendigen Luxusgüter verzichten mußten (Auto, Telefon, Kühlschrank, Toaster, Plattenspieler, Fernheizung, mehrere Tageszeitungen usw.). Denn alle diese Bedürfnisse können in der Gruppe rationaler befriedigt werden.

Wir waren den Konsumzwängen nicht so ausgeliefert wie in der bürgerlichen Existenz. Kleidung, Haushalts- und Gebrauchsgegenstände konnten wir — wie andere Typen des Gegenmilieus auch — billig oder umsonst von den Umschlagplätzen gebrauchter Waren (Trödler, Wohnungsauflösungen, Versteigerungen usw.) besorgen. Das schlägt sich in der Kleidung und Wohnungseinrichtung nieder. Wir waren nicht auf den neuesten Chic, den Stil des ›Schöner wohnen‹ angewiesen, sondern konnten aus der Konformität ausbrechen, indem wir differenzierte Formen, uns zu kleiden und zu wohnen, an der Phantasie alter Modelle entwickelten.

Aufhebung von Privateigentum und gemeinsame Kasse

Die gemeinsame Organisation des Alltags hat bei uns nur funktioniert auf der Grundlage der kollektiven Beschaffung der Mittel für den Lebensunterhalt. Daraus ergab sich die Notwendigkeit, das eingebrachte Geld gemeinsam zu verwalten, nach gemeinsam aufgestellten Prinzipien für unsere Bedürfnisse auszugeben. Die gemeinsame Kasse hat sich schon in der SDS-Wohnung als feste und eine der besten Kommuneeinrichtungen bewährt: alles Geld, das gemeinsam oder einzeln eingebracht wurde, mußte hier abgeliefert werden. Es wurde auf zwei Kassetten verteilt; in die eine kam das Geld für im voraus feststehende Ausgaben von Miete, Versicherung usw.; in die andere kamen die Gelder für den unmittelbaren Konsum. Hierfür wurde bei allgemeinen Finanzdiskussionen nach den vorhandenen Mitteln ein Satz für Essen und Trinken festgelegt (durchschnittlich 25 DM pro Tag), der als Orientierung beim Einkaufen diente. Außerdem wurden bestimmte Anschaffungen für die Gruppe oder einen von uns beschlossen. Dabei kamen wir oft mit kollektiver Phantasie auf bessere Lösungen, als sich der einzelne vorstellen konnte (zum Beispiel daß man ein Paar Schuhe nicht da oder dort zu kaufen brauchte, sondern anderswo besorgen konnte). Zur Kontrolle über die Einnahmen und Ausgaben führten wir ein Kassenbuch, in das jeder, der Geld aus der Kasse nahm, seine Ausgaben eintragen mußte.

Da es bei uns überhaupt kein Privatgeld mehr gab, auch kein sogenanntes Taschengeld — ausgenommen persönliche Geschenke, die man mit Zustimmung der anderen für bestimmte Zwecke verwandte —, ist unser Kassenbuch zu einem unbestechlichen Spiegel unserer geldwerten Bedürfnisse geworden. Es gibt Auskunft über die periodischen

Schwankungen des Zigarettenkonsums, über Ausgaben auf Kneipenbesuchen von einzelnen (die ihre Frustration zum Beispiel in der ›Blauen Grotte‹ lösen wollten). Es war deshalb nicht selten Ausgangspunkt von Gesprächen über die Situation, in der sich die Gruppe oder der einzelne befand. Einen Kassenwart gab es bei uns natürlich nicht. Alle notwendige bürokratische Arbeit haben wir, soweit es ging, für eine bestimmte Zeit abwechselnd gemacht, Telefonrechnungen, Kindergartenbeiträge usw.; dazu gehörte auch die Kontrolle des Kassenbuchs, ob die Ausgaben den Beschlüssen entsprachen und ob ›alles eingetragen war‹.

Zu unserem eigenen Erstaunen hat die fehlende Verfügungsgewalt über eigenes Geld keine sichtbaren nachteiligen Wirkungen auf uns gehabt. Wir liefen buchstäblich immer mit leeren Taschen herum. Es genügte uns, das nötige Geld für Fahrtkosten, Einkauf usw. mitzunehmen. Die Sicherheit, die darauf beruht, immer eine bestimmte Summe Geld bei sich zu haben, mit der man sich dann etwas Wichtiges kaufen konnte, war für uns überflüssig geworden. Als wir diese Tatsache bei uns näher untersucht haben, sind wir auf den Grund dafür gestoßen: das mit dem ›Taschengeld‹ verbundene Gefühl persönlicher Freiheit beruht auf einem falschen kleinbürgerlichen Bewußtsein, das der Vergeudungskapitalismus erzeugt. Denn der Bürger ist stolz auf die Möglichkeit, sich jederzeit einen der begehrten Konsumartikel kaufen zu können, ›wenn er nur will‹, weil er glaubt, sie seien sein persönliches Verdienst. Täglich wird uns weisgemacht, die Entscheidungsfreiheit im Bereich des gewohnten Konsums sei das Höchste an Autonomie. Dieses oder jenes Waschmittel, diese Sorte Schokolade oder eine andere wählen oder auch einmal darauf verzichten zu können, soll das Gefühl garantieren, frei zu sein.

Im Herbst 1967 haben wir uns einen alten VW-Bus gekauft, der als Kommune-Auto seine Funktion hervorragend erfüllt hat. Er stand allen zur Verfügung, und alle hatten für seine Wartung zu sorgen. Aber genauso wie solches später erworbene gemeinsame Eigentum waren auch eingebrachte oder später von einzelnen erworbene Gegenstände zum Nutzen aller da. Das Auto von Klaus — solange er bei uns wohnte —, ebenso Kleidung und Gebrauchsgegenstände standen nicht mehr unter der alleinigen Verfügungsgewalt dessen, der sie erworben hatte. Wir haben eigentlich alle diese Dinge ausgetauscht, ohne daraus ein Prinzip zu machen.

Genausowenig Probleme gab es auf diesem Gebiet, wenn jemand wieder aus der K 2 ausziehen wollte: Ohne das juristisch oder sonstwie festgelegt zu haben, konnte jeder die eingebrachten Sachen wieder mitnehmen, soweit sie nicht zur festen Kommune-Einrichtung geworden waren, zum Beispiel ein Abwaschtisch oder Geschirr. Die finanziellen Einlagen, die verbraucht waren, wurden natürlich nicht zurückgegeben. Wohl haben wir versucht — wenn nötig und möglich —, den Betroffenen für die Zeit des Übergangs zu unterstützen.

Die Regelung der Arbeiten im Haushalt

Leider gibt es kein Protokoll darüber, wie wir den organisierten Tagesablauf in der Kommune erlebt haben. Dann könnten wir besser verdeutlichen, wie sich unsere Regelung auf die Spontaneität auswirkte. Wenn man nur beschreibt, welche Bereiche des Alltags und wie sie von allen erledigt wurden, sieht es so aus, als hätten hier Ordnungsfanatiker ein starres Schema durchgesetzt. Deshalb verweisen wir für jeden, der nicht ähnliche Erfahrung in einer Gruppe selbst gemacht hat, auf die Einleitung zu diesem Kapitel. Hier wollen wir uns darauf beschränken, kurz das Prinzip der abwechselnden Haushälterarbeit zu erläutern: Bestimmte Bereiche mußte reihum jeder von uns bewältigen; eine Zeitlang mit noch einem anderen zusammen, später, als wir nur noch fünf Erwachsene waren, alleine.

Einkaufen, Kochen, Abwaschen, das Aufräumen von Küche, Eßzimmer und Kinderzimmer waren Aufgabe dessen, der ›dran‹ war, dazu kam als wesentlicher Punkt die Beschäftigung mit den Kindern, die natürlich besonders am Wochenende, wenn sie nicht im Kindergarten waren, zur Hauptbelastung wurde. An diesen Tagen und bei

Krankheiten haben wir uns die Sachen dann irgendwie geteilt. Einen Wochenplan gab es für das Saubermachen in den übrigen Räumen (ebenso Finanzkontrolle und Zeitungsarchiv, das wir bis Anfang 1968 geführt haben). Als sich herausstellte, daß keiner Lust hatte, diese Arbeit eine Woche lang allein zu machen, haben wir dann alle paar Wochen eine ›Kampagne‹ organisiert, mit dem Zweck, den ganzen Dreck und Müll in einem Aufwasch gemeinsam zu entfernen, die nötigsten Reparaturen durchzuführen usw.

Organisation und Desorganisation im Alltag

Im Laufe unseres Zusammenlebens haben wir einen Zusammenhang entdeckt zwischen der Art, wie die Organisation des Alltags funktioniert hat und dem Zustand der Gruppe. Das wollen wir am Beispiel des äußeren Bildes, das die Wohnung jeweils bot, klarmachen. Periodisch wiederkehrend herrschte bei uns ein durchaus unproduktives Chaos. Überall war es schmutzig. Man hatte zum Beispiel keine Lust zum Baden, weil es im Bad stank, wenn tausend schmutzige Handtücher herumlagen; im Wohn- und Arbeitszimmer war es so unordentlich, daß man nichts mehr finden konnte. Die Küche war in einem chaotischen Zustand und voller Müll, so daß man dort kein Brot mehr essen mochte (dieser Zustand ist dem Leser sicher aus allen Zeitungsberichten über Kommune-Wohnungen bekannt; nicht immer beruht also das Schwelgen in der Darstellung von Schmutz und Unordnung alleine auf den Vorurteilen der bürgerlichen Journalisten). In einer solchen Situation hatte keiner Lust, etwas an dem Chaos zu ändern. Jeder machte den anderen Vorwürfe, daß sie nichts mehr täten. Wenn wir gemeinsam darüber sprachen, kamen wir meist sehr schnell auf die Ursache dieser Situation: Jeder erwartete von den anderen, bzw. von der Gruppe, daß sich etwas änderte. Diese Passivität war das Resultat irgendeines Konflikts in der Gruppe, der bis dahin meist unbewußt geblieben war. In solchen Fällen war es zwecklos, in einer Haushaltsdebatte nur die nötigen Arbeiten regeln zu wollen; denn das wuchs sich meistens nur in völlig fruchtlose, gegenseitige Vorwürfe und Aggressionen aus, die den zugrunde liegenden Konflikt verschleierten.

Wir wissen, daß einige Wohngemeinschaften in Berlin daran gescheitert sind. Ihre Mitglieder haben sich über Küchenprobleme so irrsinnig zerstritten, daß die Gruppen im gegenseitigen Terror oder durch Auflösung auseinanderfielen. An diesen Beispielen läßt sich nachweisen, daß Kollektive, die allein durch das Zusammenwohnen einen Teil der Privatsphäre mit einbeziehen, scheitern müssen, wenn sie die auftauchenden Konflikte nicht als Ergebnis der mitgebrachten bürgerlichen Struktur erkennen und geeignete Methoden entwickeln, sie aufzulösen.

So hat sich im Laufe unserer Entwicklung immer wieder bestätigt, daß die eigentlichen Schwierigkeiten nicht da lagen, wo man sie aufgrund individueller Gewohnheiten erwartet; viel eher da, wo jeder, der das Wort Kommune in den Mund nimmt, wegen seiner eigenen Schwierigkeiten am ehesten Abhilfe erhofft: auf dem Gebiet der Sexualität oder dem der gemeinsamen schöpferischen Arbeit. Unsere Erfahrungen über die Alltagsorganisation können wir dahin verallgemeinern, daß wir unsere Konsumbedürfnisse im Laufe der Zeit ohne besonderen Zwang relativ weit aneinander angepaßt haben. Sonderwünsche von einzelnen wurden entweder zu allgemeinen gemacht (zum Beispiel Vorlieben beim Essen), oder wir haben versucht, demjenigen seine Extrawurst zu ermöglichen.

Die Bedeutung der Organisation des Alltags

Die Bedeutung unserer gemeinsamen Alltagsbewältigung kann man in fünf Punkten zusammenfassen:

1. Die gemeinsame Ökonomie ist vor allem auf zwei Bereichen wichtig:
Die *Reproduktion* der Gruppe wird gesichert durch horizontalen Finanzausgleich der individuellen Einkünfte und zusätzliche kollektive Arbeit. Dadurch ist der große Druck,

den der ökonomische Zwang auf die Individuen ausübt, ganz erheblich abgebaut. Das gilt vor allem im Vergleich zu Kleinfamilien und alleinstehenden Müttern, die für ihre Kinder sorgen müssen. Ein großer Teil der Frustrationen, die durch isolierte, entfremdete Arbeit in Fabriken, Bürokratien oder bei Gelegenheitsjobs erkauft werden, kann durch eine kollektiv organisierte und von der ganzen Gruppe getragene Arbeit erspart werden. Dadurch wird ein großer Teil der sinnlosen Kompensationen (Autonomie und Aktivität in Freizeitbeschäftigungen wie Autofahren und Kino) überflüssig.

Im Bereich des *Konsums* werden die individuellen Bedürfnisse in Diskussionen aufeinander abgestimmt. Die Notwendigkeit, für den gemeinsamen Lebensunterhalt der Gruppe zu sorgen, hat uns dazu erzogen, bewußt und gerne unsere individuellen Bedürfnisse in die Gruppe zu integrieren und einen Verzicht nicht unbedingt als Unterdrückung — wie in der Familie — zu erfahren.

Die gemeinsame Ökonomie ist billiger und rationeller als in der Kleinfamilie bürgerlichen Stils. Die Fixierung an Konsumzwänge und die Sicherheit, die man sich durch persönlichen Besitz erkaufen will, können allmählich durch die gemeinsame Planung abgebaut werden.

2. Durch die *abwechselnde Haushälterarbeit* wird der einzelne von der dauernden Beschäftigung mit dem Alltagskram entlastet.

Das läßt sich rein zeitlich feststellen, dürfte aber vor allem psychisch wichtig sein. Wer nicht dran ist, braucht sich nicht über Essen, Kinderspiele und Aufräumen Sorge zu machen. Außerdem können individuelle Belastungen (zum Beispiel wichtige Beschäftigungen außerhalb, Krankheit) leichter aufgefangen werden.

Durch die abwechselnde Sorge um Haushalt und Kinder entfällt die dauernde Anwesenheit eines starren Alltagsrahmens, der in der bürgerlichen Existenz eine wichtige Bedeutung hat. Denn die Identität eines Ich-schwachen Menschen wird zu einem großen Teil durch Gewohnheiten, feste Regeln, immer wiederkehrende Tätigkeiten und wiederholbare, halbautomatische Handlungsabläufe bestimmt.

So ergänzt die Beschäftigung mit dem alltäglichen Kram die Entfremdung am Arbeitsplatz und garantiert die Kontinuität und Identität der bürgerlichen ›Persönlichkeiten‹. Das gilt in unserer Gesellschaftsordnung besonders für die Frauen, auch wenn sie keinen Beruf haben. Wenn einem dieser falsche Rahmen weggenommen wird, ist man gezwungen, sich über seine Bedürfnisse klarzuwerden, soweit sie mit den anerzogenen kollidieren, und seine Interessen an anderen Personen und Sachen neu zu bestimmen.

3. Durch die Konfrontation mit der Arbeit im Haushalt an einem oder zwei Tagen in der Woche wird das Erfahrungs- und Betätigungsfeld eines jeden erweitert. Es ist nicht leicht, die speziellen Interessen und Fähigkeiten, die jeder auf diesem Bereich mitbringt, wirklich zu kollektivieren.

Diese Erweiterung kann dazu führen, daß Tätigkeiten mit Lust besetzt werden, die sie in diesem Bereich heute kaum noch haben: die beste Hausfrau hat nach einiger Zeit, wenn sie immer kochen muß, die Schnauze voll. Vor allem ist die Organisation eine Voraussetzung dafür, daß es uns gelungen ist, die starre Trennung von grauem Alltag und festlicher Feier zu durchbrechen.

4. Die Erweiterung des Betätigungsfeldes bei der abwechselnden Haushälterarbeit betrifft aber nicht nur neue manuelle und geistige Koordinationsfähigkeiten. Sie kann auch wesentlich zur Heranbildung von Zuverlässigkeit und freiwilliger Verantwortung beitragen.

Verantwortung und Disziplin haben wir unter starkem moralischen Druck in Elternhaus und Schule lernen müssen, meist unter Verzicht oder sogar gegen die eigenen Bedürfnisse. In der Kommune bedeuteten sie Autonomie und Selbststeuerung im Rahmen des Kollektivs. Denn hier beruhen sie auf dem Prinzip herrschaftsfreier Selbstverwaltung, wonach grundsätzlich jeder jede Funktion wahrnimmt. Verläßlichkeit und Engagement eines jeden sind Ausdruck davon, daß der einzelne seine vitalen Interessen am besten in der Gruppe verwirklichen kann; deshalb sind sie abhängig von der erotischen Qualität der gemeinsamen Tätigkeit und der jeweiligen Gruppensituation.

5. Mit der Vermeidung der *Arbeitsteilung* nach Geschlechtern und Alter wird eine tendenzielle Aufhebung der gesellschaftlich bedingten Fixierung an bestimmte Rollen erreicht.

Die Differenzierung und Erweiterung der Wahrnehmung, das Freisetzen menschlichen Verhaltens aus dem zwanghaften Alltagsrahmen kann zu einem wichtigen Ansatzpunkt für die Überwindung bürgerlicher Strukturen werden. Die Angleichung der Geschlechter hat sich bei uns vor allem auf zwei Gebieten eingespielt: im Haushalt, in Kleidung und Aussehen und damit zusammenhängend in einer Form freierer Bewegung. Wir haben festgestellt, daß das Bedürfnis zu baden, zu tanzen, zu kochen, sich die Haare zu waschen und zu kämmen, sich im Freien zu bewegen, Auto zu fahren und Süßigkeiten zu essen nicht nach Geschlecht und Alter grundsätzlich unterschieden ist. Und wir haben versucht, danach zu handeln! Genauso haben wir dem angeblich weiblichen Wunsch nach Zärtlichkeit und dem angeblich kindlichen, von anderen geschützt, gepflegt zu werden und mit ihnen zu spielen, nach Kräften nachgegeben.

Diese Tendenz, die innerhalb der linken Bewegung und in der sogenannten Subkultur immer deutlicher wird und die wir intensiv und bewußt vorangetrieben haben, hat Reimut Reiche in seinem Buch ›Sexualität und Klassenkampf‹ sehr genau gedeutet:

»Zugleich kündigt sich in dem Abbau sozial scharf differenzierter Geschlechtsrollen auch eine endlich möglich gewordene Individualisierung des Geschmacks, der spezifischen Eigenschaften einer Person und eine Ausweitung der persönlichen Repräsentation an, die etwas Utopisches an sich hat. Peter Brückner hob als fortschrittliches Moment der Berliner Kommune 1 hervor, daß sie die Fähigkeit zur Wahrnehmung minimaler (kognitiver) Differenzen bewußt gemacht habe. Das entwickelte Ich drückt den Grad seiner Differenzierung in der Unterscheidung feinster Wahrnehmungsdifferenzen aus. Die Geschlechterspannung ist in allen bisherigen Kulturen sozial gewaltig überzeichnet und unter ungeheurem Zwang aufrechterhalten worden. Sie verlöre bei einem, einzig als sozialistisch zu bezeichnenden, hohen Grad kultureller Ich-Entwicklung nicht ihre Kraft, wenn

sie äußerlich nicht länger scharf markiert wäre. Vielmehr würde das Verschwinden äußerlicher Kennzeichnung der Geschlechter-markierung — Tabu der Homosexualität, geschlechtsspezifische Zuordnung der Kleidung, Haartracht, Gestik, Bewegung, des gesamten sozialen Verhaltens — das Spannungsgefälle zwischen den Geschlechtern enorm individualisieren und so ihre Beziehungen endlich vermenschlichen« (S. 120).

An diesem Punkt wäre es notwendig, etwas über die Befreiung der Frauen in der Kommune von den Zwängen zu berichten, denen sie in der Gesellschaft, in der Kleinfamilie und noch in den ›Verhältnissen‹ unterliegen. Denn es ist für die linke Bewegung eine bittere Erfahrung, daß der Abbau der sozial differenzierten Geschlechtsrollen und in den nicht öffentlichen Kommunikationsformen die spezielle Unterdrückung der Frau nicht einfach aufhebt, weil sie in der Erziehung fest verankert und deshalb in tiefliegende Charakterschichten — auch der Genossen — eingegangen ist.

So konnte erst die Freisetzung ihrer Energien durch den Ausbruch aus fixierten Zweierbeziehungen und der bürgerlichen Alltagssituation den Kommunardinnen bewußt machen, daß eine Identifizierung mit den männlichen Idealen — politische Arbeiter unter theoretischem Leistungsanspruch — sie zwangsläufig zur Akkumulation linker Literatur und in eine Konkurrenzsituation führte, die nicht ihren Interessen entsprach.

Diethart Kerbs / C. Wolfgang Müller
Jenseits der Anstandserziehung

Was leistet unsere Anstandserziehung, so wie sie in Tanz-schulen und Benimmbüchern, von Leserbriefredakteuren und Bundeswehroffizieren betrieben wird? Sie hilft offen-bar noch immer erfolgreich, unser Verhalten und später auch unser Bewußtsein an die Bedingungen eines Herr-schaftssystems anzupassen, von dem wir zwar profitieren, das wir jedoch nicht manipulieren[1] können.

Wer sind wir? Wir kommen aus dem Kleinbürgertum, dem Bildungsbürgertum und dem kleinen Besitzbürgertum, wir kommen von dort oder wir wollen dorthin. Wäre das nicht so, dann würden wir dieses Buch nicht schreiben und dann würden Sie dieses Buch nicht lesen. Fragen der An-standserziehung interessieren in aller Regel weder Arbei-ter noch Großaktionäre. Den einen ist das Interesse an guten Umgangsformen im Arbeitsprozeß ausgeprügelt worden, die anderen machen sich ihre Umgangsformen selbst. Nein, für Anstandserziehung interessieren sich höch-stens Kleinaktionäre, die beim individuellen Aufstieg in eine für sie neue Klasse wissen möchten und wissen müs-sen, wie ›man‹ sich verhält, ohne anzuecken, ohne daß die anderen, die schon länger ›man‹ sind, sofort merken, daß man neu ist.

Wir Kleinbürger, wir Bildungsbürger, wir kleinen Besitz-bürger interessieren uns also für die Anstandserziehung, weil sie ein Instrument ist, mit dem wir unser Oberflächen-verhalten domestizieren lassen, ohne gleichzeitig die Grund-strukturen dieses Verhaltens zu kultivieren, also zu ver-

menschlichen. Denn wenn wir nicht höflich wären, sondern menschlich, so würden wir nicht länger zu Herrschafts-
helfern taugen. Der Lehrer, der begreift, daß seine Schüler
den Unterricht schwänzen, weil er sie langweilt, der Abteilungsleiter, der begreift, daß ›seine‹ ›Mitarbeiter‹ krank
werden, weil die Arbeit sie krank macht, die er ihnen
zuweisen muß, der Verkehrspolizist, der einsieht, daß seine
›Verkehrssünder‹ Verbote übertreten müssen, um vorwärts
zu kommen, der Unteroffizier, der weiß, daß es keinen
vernünftigen Grund gibt, sich fürs Vaterland totschießen
zu lassen — sie alle wären disfunktional und würden bei
massenhaftem Auftreten das Uhrwerk des Systems aus-
einandertreiben. Höflichkeit ist unter diesen Umständen
die hochglanzpolierte Form, Anordnungen durchzusetzen,
die nicht im Interesse derer liegen, welche sie befolgen
sollen.[2]

Nun kann man sagen, diese Analyse sei zwar grundsätzlich richtig, sie träfe aber so nicht mehr die Situation in
den siebziger Jahren. Dieses Jahrzehnt zeichne sich vielmehr
dadurch aus, daß der Toleranzspielraum gegenüber ab-
weichendem Verhalten merklich größer geworden sei. Der
Bundespräsident verzichte auf den Frackzwang, der Hoch-
schullehrer verzichte auf die Anrede ›Herr Professor‹, die
Deutsche Bundespost stelle bereits langhaarige Postzustel-
ler ein, und selbst auf Provinzbühnen zeigten sich jüngere
Schauspielerinnen in barbusigen Stücken. Das ist wohl richtig; es fragt sich nur, was es bedeutet. Hans Tietgens hat
in diesem Band davon geschrieben, »daß es eine Form der
Toleranz gibt, die den Zweck hat, Kritik leerlaufen zu
lassen«.[3] Dieser Gedanke ist von Robert Paul Wolff und
Herbert Marcuse in der »Kritik der reinen Toleranz«[4]
ausführlich behandelt worden. Robert Paul Wolff führt
jene Toleranz, welche zweifellos in unserem Lande in den
letzten Jahren zugenommen hat, auf die Erfordernisse der
pluralistischen Demokratie zurück, die, als höchste Stufe
der politischen Entwicklung des Industriekapitalismus »die
handfesten ›Grenzen‹ des frühen individualistischen Liberalismus [überschreitet] und ... ebenso den kommunitären
Tendenzen des gesellschaftlichen Lebens den Weg ebnet

wie der Politik von Interessengruppen, die als abgemil-
derte Version des Klassenkampfes [von oben] aufkam.
Der Pluralismus ist menschlich wohlwollend, freundlich
und zeigt weit mehr Verständnis für die Übel der gesellschaftlichen Ungerechtigkeit als der egoistische Liberalismus
oder der traditionalistische Konservativismus, aus dem er
hervorging. Aber der Pluralismus ist verhängnisvoll blind
gegenüber den Übeln, die das gesamte Gemeinwesen heim-
suchen, und als Gesellschaftstheorie vereitelt er die Er-
wägung eben jener Arten durchgreifender gesellschaftlicher
Überprüfung, deren es vielleicht bedarf, um jene Übel zu
beheben.«[5]
Die beobachtbare Zunahme des Toleranzspielraums gegenüber Erscheinungen, die früher nicht geduldet worden
wären, kann auf zwei Ursachen zurückgeführt werden.
Einmal auf den Abbau von Herrschaftsansprüchen, die in
der Tat nicht mehr rational begründet werden können —
also auch gar nicht mehr notwendig zur Aufrechterhaltung
von Herrschaft sind, sondern zur ›überflüssigen Herrschaft‹
degenerierten und lohnende Zielscheiben für neulinke Pop-
Agitatoren abgeben. Das Rauchverbot in Schalterhallen
und Hörsälen, das Verbot, künstlich bewässerbaren Rasen
zu betreten, das Keuschheitsgebot gegenüber unverheirateten Mädchen, die mit der Pille umgehen können, Streich-
holzlängen-Haarschnitt für Briefzusteller angesichts der
gegenwärtigen Knappheit minderqualifizierter Arbeitskräfte — das alles sind Teile überflüssiger Herrschaft, nur
noch als formale Unterwerfungs-Rituale tauglich, von
Konservativen weiterhin geschätzt und verehrt, von cle-
veren Managern des Systems hingegen leichten Herzen
aufgebbar, ohne die bestehenden Herrschaftsverhältnisse
zu gefährden.
Wir haben im letzten Satz bewußt den Begriff ›clever‹
verwendet. Er stammt aus dem nordamerikanischen Kul-
turraum, und gerade Nordamerika ist das Land der laxe-
sten Umgangsformen zwischen Arbeitnehmern und Arbeit-
gebern, ohne daß die rollen-reversible Hemdsärmeligkeit
auch nur einen amerikanischen Arbeiter veranlaßt hätte,
den Kapitalismus infrage zu stellen. Diese Bemerkung

führt uns auf die zweite Ursache des heuer vergrößerten Toleranzspielraums. Die erste Ursache war der zur Modernisierung des Herrschaftssystems eingeleitete Abbau überflüssiger Herrschaft. Die zweite Ursache ist jene Führungstechnik aufgeklärter Herrschaftssysteme, die darin besteht, mehr Freiheiten dann zu geben, wenn sie nicht schaden, und dem zu geben, der sie nicht gegen den Geber nutzen kann. Warum werden hundertmal mehr Ideen und finanzielle Mittel auf die Reform unserer Universitäten verwendet als auf die Reform der gleichermaßen reformbedürftigen Heimerziehung? Weil es sich auszahlt, den Überprivilegierten Freiheiten einzuräumen; man kann ziemlich sicher sein, auf lange Sicht werden sie diese Freiheiten nicht als Rammblock gegen ein System gebrauchen, welches ihnen ihre Privilegien verschafft.

Warum interessieren uns Fragen der Anstandserziehung? Weil die Beherrschung guter Umgangsformen zum Handwerkszeug unserer Herrschafts-Teilhabe gehört. »Ich verstehe nicht«, sagt unser Lebensmitteleinzelhändler, »wie Sie sich für langhaarige Anarchisten einsetzen können. Sie sind doch schließlich ein gebildeter Mann«. Das scheint uns zum Einmaleins zu gehören, das wir memorieren müssen: Wir interessieren uns für Fragen der Anstandserziehung, weil wir Herrschaftsgehilfen sind und weil die Regeln des sogenannten guten Benehmens zwei Funktionen haben, die einen zu ducken und die anderen zu erheben. Und auch wir, die wir den sogenannten guten Ton und den sogenannten Herzens-Takt reformieren oder destruieren wollen, tun dies, weil wir »erzogen worden sind in den Gewohnheiten des Bedientwerdens und unterrichtet in der Kunst des Befehlens«[6] und weil wir uns in dieser Rolle nicht mehr wohl fühlen. Aber unsere neuen Interessen sind durch die Absage an unsere alten Interessen nicht die Interessen der Unter-Privilegierten geworden. Sie haben nichts gegen den guten Ton, sie können ihn nur nicht verwenden; sie haben nichts gegen Höflichkeit, im Gegenteil, sie erwarten sie von uns.

Wir müssen jetzt konkret werden. Wir müssen sagen, was wir didaktisch vorhaben. Und das heißt, was wir mit einer neuen Art von Anstandserziehung erreichen wollen. Wir hatten schon gesagt, daß es da drei Möglichkeiten gebe:[7]

»1. Man kann tatsächlich darauf verzichten, weiterhin über Anstand und Anständigkeit, gutes Benehmen und sittliches Verhalten zu sprechen und Kinder oder Jugendliche weiterhin darin zu unterweisen. Vielmehr kann man alle Probleme des sozialen Umgangs unmittelbar aus der politischen Reflexion und dem spontanen Empfinden heraus zu lösen versuchen.

2. Man kann sich bemühen, einen Minimal-Katalog konkreter Anstandsregeln zu erarbeiten und zu diskutieren, die schlechthin jeder schlechthin jedem gegenüber einhalten sollte. In der Erörterung der Abweichungen und Ausnahmen wird man dann wieder auf die sozialen und politischen Widersprüche der Gesellschaft stoßen.

3. Man kann versuchen, Anstandserziehung als politische Erziehung zu betreiben.«[8]

Nun, politische Erziehung oder ›Gegen-Erziehung‹ (Herbert Marcuse[9]) muß, wie jede Erziehung, zunächst die Ausgangslage der Erzieher und ihrer Partner reflektieren. Über unsere Ausgangslage haben wir gesprochen. Wir sollen nicht länger unser Herrschaftswissen in den Dienst derer stellen, von denen wir profitierten. Wir wollen den jungen Leuten, mit denen wir zu tun haben, am Beispiel der Anstandserziehung klarmachen (nicht: wie sie anständig sein sollen, sondern) wie ihre Lage ist.

Auf der Seite unserer Gesprächspartner liegt das Interesse an Anstandsfragen gerade bei denen, die von uns erwarten, in die Techniken der Menschenbehandlung zuverlässig eingewiesen zu werden. Mädchen, die gelernt haben, daß es rentabler ist, seine Produktivkraft einem wohlsituierten Ehemann zu verkaufen als einem ebenso wohlsituierten Unternehmer, wollen wissen, wann die Braut einen Kranz im Haar trägt und wozu man Sherry reicht. Junge, vielversprechende Führungskräfte in Industrie und Verwaltung wollen wissen, wie man sich auf einem Betriebsfest dem weiblichen ›Personal‹ gegenüber verhält. Aufstiegsorientierte Eltern in deutschen Kleinstädten wollen wissen, wie oft sie ihren Töchtern eine Party gestatten sollen und ab wann es für sie, die Eltern, schicklich sei, sich zu entfernen.

Dies (und anderes) sind Erwartungen, die an uns als Didaktiker der Anstandserziehung gerichtet werden. Es ist unsere Aufgabe, diese Erwartungen ernst zu nehmen (ohne ihnen zu entsprechen) und mit unseren Schülern gemeinsam die Texte zu lesen, welche uns die Zeremonienmeister bürgerlicher Höflichkeit in Ost und West in die Hand gedrückt haben,[10] um jene sozialen Rollen von Mann und Frau, von Jung und Alt, von Oben und Unten herauszudestillieren, welche in den Texten enthalten sind. Das heißt, wir müssen lernen, Textbücher als das Gegenteil dessen zu benutzen, wofür sie gedacht sind. Mit Lesebüchern soll man lesen lernen, und man soll *das* lesen lernen, was in ihnen gedruckt worden ist. Wir müssen lehren, das zu lesen, was in ihnen steht und dabei gleichzeitig das Gegenteil dessen zu denken, was ihre Autoren dachten.[11]

Ein solches Vorgehen wird in vielen Fällen zu Frustrationen derer führen, die von uns Antworten auf Fragen guten Benehmens erwarten. Immerhin kann man darauf hinweisen, daß die braven und naiven Antworten auf diese Fragen in den Texten stehen, über die wir diskutieren. Die Texte enthalten das Anpassungs-Maximum, das für gesellschaftlich erforderlich gehalten wird. Im Prozeß der gemeinsamen Diskussionen wird dieses Anpassungs-Maximum relativiert und destruiert. Die junge Sekretärin, die bisher der Meinung war, junge Mädchen seien doch heute schon ganz schön emanzipiert, lernt aus der Lektüre Hubert Mikettas, daß ihr Chef rechtens erwarten kann, daß sie ihm in den Mantel hilft. Der Oberschüler, der das Glück hatte, in einem ›Reform‹-Gymnasium groß zu werden, lernt aus der Lektüre des Barons von Wittken-Jungnik, daß jede gute Schule so aussehen und so sein muß wie eine Kaserne oder ein Zuchthaus.[12] Junge Leute lernen aus den Texten allgemein, daß Lehrjahre keine Herrenjahre seien und daß man mit dem Schuriegeln anderer sinnvollerweise zu warten habe, bis eine neue Generation Kleinerer und Schwächerer nachgewachsen ist. Nur Heimordnungen, Mietverträge und die Stoffpläne unserer Hauptschulen liefern leichtere und bessere Erkenntnisse über die Normen und Werte einer konservativ-abendländischen, kapitalistischen Industriegesellschaft als unsere gegenwärtige Benimm-Literatur.

Der erste didaktische Schritt im Rahmen einer neuen Art von Anstandserziehung besteht also darin, daß man auf der Basis gerade der Texte, die man für vor-demokratisch, inhuman und verfassungsfeindlich[13] hält, die Interessen derer herausarbeitet, welche wollen, daß andere sich ›anständig‹ verhalten, und gleichermaßen die Interessen derer, die sich ›anständig‹ verhalten sollen.

Der zweite didaktische Schritt bestünde in einem Vergleich des normativen Übersolls der Anstandsbücher mit — nein, nicht mit dem beobachtbaren Verhalten von Menschen in der Öffentlichkeit, das gäbe nicht viel her, weil man lange braucht, um zu lernen, wie man beobachten muß, um Einzelbeobachtungen verallgemeinern zu können —, sondern mit den Vorstellungen von Menschen in verschiedenen sozialen Schichten der Bevölkerung über Fragen des sogenannten höflichen Benehmens und der sogenannten guten Umgangsformen. Es wird sich also empfehlen, verschiedene Personengruppen im Hinblick auf ihre wechselseitigen Rollenerwartungen zu befragen: Jungen und Mädchen, Eltern und Kinder, Kinder und Großeltern, Arbeiter und Angestellte, Arbeitnehmer und Arbeitgeber, Lehrer und Schüler, Eltern und Lehrer, Wähler und Gewählte, Leistungsorientierte und Gammler, Angepaßte und Widerständler, Linke und Rechte, Deutsche und Ausländer, Bauern und Städter, Verheiratete und Unverheiratete, VW-Fahrer, Mercedes-Fahrer und Fußgänger. Dabei wird mit großer Wahrscheinlichkeit deutlich werden, daß die wechselseitigen Rollenerwartungen der Befragten nur sehr bruchstückweise mit den formulierten Rollenerwartungen der Anstandsliteratur identisch sind, daß sie sich aber auch untereinander teilweise widersprechen. Das wird damit zusammenhängen, daß hier kollektive Vorurteile im Spiel sind, die bei aller Groteskheit insgesamt ebenso system-stabilisierend und herrschaftserhaltend sind wie die Be-grifflichkeit, in der all diese Phänomene bisher beschrieben worden sind.

Der nächste didaktische Schritt bestünde darin, sich die herrschenden Anstandsregeln überlegt und distanziert an-zueignen, um sie »nach Bedarf und politischem Entschluß einhalten oder durchbrechen zu können; [also] Training im kalkulierten Wechsel von Anpassung und Widerstand.«[14] Dabei wird es sich vor allem empfehlen, die Beziehungen zwischen Form und Inhalt zwischenmenschlichen Verhal-tens abzutasten. Wie wir alle in den letzten Jahren gelernt haben, werden in der Regel inhaltlich berechtigte Forde-rungen mit dem Hinweis auf ärgerliche Formfehler zurück-gewiesen. Es käme also zum Beispiel darauf an, experi-mentelle Situationen zu schaffen, in denen gegenüber Funk-tionsträgern und Autoritäten einmal unsinnige Forderun-gen formvollendet, ein anderes Mal sinnvolle Forderungen formverletzend vorgetragen und begründet würden.

Ziel dieses dreifachen Vorgehens (distanzierende Diskus-sion vorliegender Texte; Erfragen wechselseitiger Rollen-erwartungen bei Konfliktpartnern; experimentelles Erpro-ben verschiedener Form-Inhalts-Kombinationen) ist eine dreifache Sensibilisierung der Beteiligten für zwischen-menschliche Interaktionen. Einmal sollen die Beteiligten für die Wirkungen, die ihr jeweiliges Verhalten auf andere, und die Wirkungen, die das jeweilige Verhalten anderer auf sie hat, sensibilisiert werden, zum anderen sollen sie für das Erkennen ihrer sozialen Funktion und Position, für das Erkennen ihrer gesellschaftlichen Interessen und für den Zusammenhang dieser ihrer Interessen mit den Interessen anderer in gleicher oder ähnlicher Lage sensibi-lisiert werden. — In diesem ersten didaktischen Ansatz sind folgende Elemente enthalten:

1. Aufklärung über die sozialen und politischen Impli-kationen der hergebrachten Anstandsregeln,
2. Ideologiekritik des Begriffsfeldes ›Anstand, Anständig-keit, Höflichkeit, Sittlichkeit‹,

3. Diskussion über Tabus, Rituale, Traditionen und ihren Stellenwert für die herrschende Moral (Frage nach den Nutznießern) und

4. Versuch einer ›Linguistischen Therapie‹, das heißt einer Befreiung der moralischen Begriffe aus der Dienstbarkeit der herrschenden Sozialstruktur, und

5. Üben der herrschenden Anstandsregeln und ihre Anwendung im kalkulierten Wechsel von Anpassung und Widerstand.[15]

Das ist das, was gegenwärtig pädagogisch möglich ist, was in Schulen oder Tanzschulen, Jugendheimen oder Ferienlagern realisiert werden kann. Bis hierhin blieben die Konsequenzen, die aus der Kritik der bisherigen Anstandserziehung gezogen werden können, innerhalb des pädagogischen Bereichs.

Dieser pädagogische Bereich wird verlassen mit den beiden weitergehenden Vorschlägen:

6. Experimente mit gezielten und vorher reflektierten Tabuverletzungen, Einübung von Provokationen, Störung von Ritualen usw. und

7. Versuche, in bestimmten Gemeinschaften Gegenmilieus zu dem herrschenden Sozialklima zu schaffen, Erproben neuer Lebens- und Umgangsformen.[16]

Beide Experimente setzen ein entschiedeneres politisches Engagement, einen größeren Mut zur Radikalität voraus als die oben geschilderten pädagogischen Maßnahmen, obwohl auch die ohne ein entsprechendes politisches Engagement nicht durchgehalten werden können.

Über den politischen Nutzen der Unhöflichkeit Feinden gegenüber wurde schon gesprochen.[17] Wir wollen aber nicht unerwähnt lassen, daß unter Umständen auch das gegenteilige Verhalten angemessen sein kann: daß man sich nämlich ›unhöflich‹ gegen seine Freunde und Genossen verhält, während man seinen Feinden mit ausgesuchtester ›Höflichkeit‹ begegnet. Denn auf der Basis eines politischen Engagements und einer Solidarität, die über das gemeinsame Absingen von Hymnen hinausgeht, ist eine unverblümte Direktheit möglich und richtig, die außerhalb dieser Verbindlichkeit nutzlos und unklug wäre. Umgekehrt sind die rituellen Formen der Höflichkeit ein ausgezeichnetes Mittel, um deutlich zu machen, daß es keine Gemeinsamkeit zwischen dem Sprechenden und dem Angesprochenen gibt: »Wir sollten das ›Sie‹ im Umgang mit Freunden abschaffen. Wir sollten unsere Feinde mit größter Höflichkeit behandeln, mit peinlicher Höflichkeit. Wir sollten nie vergessen, unsere Feinde bei ihrem vollen Namen und Titel und, falls vorhanden, akademischen Grad zu nennen. Entwickeln wir die Höflichkeit zu einer brennenden Form der Distanzierung.«[18] Das heißt: Höflichkeit als eine Form der Aussperrung, der Isolierung, des Einpackens und Wegstellens von Charaktermasken und Funktionsträgern, die einer Humanisierung der Gesellschaft objektiv im Wege stehen, die man aber in ihrer individuellen Existenz weder angreifen noch umwerben möchte. Kaltblütige Höflichkeit kann die rationellste Verhaltensweise im Umgang mit Feinden sein, die es zu entmachten gilt, gegen die man im gegenwärtigen Zeitpunkt aber keine Gewalt anwenden kann oder will.

Aber auch und gerade für den Fall der Gewaltanwendung wäre Höflichkeit in der Behandlung des Gegners angebracht: weil es sich ja gerade nicht um die physische oder psychische Vernichtung des Gegners als sadistisches Privatvergnügen der je Gewalttätigen handelt, sondern um die politisch notwendige Entmachtung eines Menschen, der mit dieser Entmachtung vielleicht die Chance zu einem menschlicheren Leben zurück erhält. Möglicherweise empfiehlt sich in bestimmten Situationen sogar eine Kombination der beiden entgegengesetzten Verhaltensweisen: daß Unhöflichkeiten (Farbeier, Sprechchöre, Go-ins usw.) zur Auflockerung von festgefügten Herrschaftsverhältnissen eingesetzt werden, während die Höflichkeit dann zur Nachbehandlung des verschreckten Gegners dienen kann, der auf diese Weise — durch ein gut geplantes Wechselbad — in seinen angelernten Reaktionsweisen verunsichert wird und seine Lage neu durchdenken muß.

Im Ritual der Höflichkeit wird eine Distanz eingefroren, die man fürs erste nicht auftauen will oder kann. Das jeweilige Gegenüber wird in einer bestimmten Entfernung angehalten, sein Näherkommen wird formelhaft verbaut. Höflichkeit hat — wie alle Rituale — unter anderem die Funktion, Spannungen zu neutralisieren, die man nicht austragen will oder kann — aus welchen Gründen auch immer. Nach diesen Gründen wird man aber jeweils sehr genau fragen müssen, wenn man den Stellenwert eines Rituals in einer gegebenen sozialen Situation bestimmen und bewerten will.

Das galt und gilt nicht nur für Situationen der Feindschaft, sondern auch für solche der Zuneigung. So hat in früheren Jahrhunderten manch ein bürgerlicher Hauslehrer seine heimliche Liebe zu der Frau oder Tochter des adligen Brotherrn vermittels derselben Höflichkeit kaschiert wie seinen Haß auf eben diesen, von dessen Gnade er abhängig blieb. Die schöne Literatur des 18. und 19. Jahrhunderts kennt etliche solcher Schicksale, Bertolt Brecht hat eines davon — den »Hofmeister« von Jakob Michael Reinhold Lenz — wieder bekannt gemacht. Mittlerweile sind zwar die starren Standesschranken brüchiger geworden, und damit hat auch der soziale Zwang zur rituellen Neutralisierung bestimmter (das heißt nicht klassenkonformer) erotischer Wünsche nachgelassen. Doch tauchen die an dieser Stelle reduzierten Zwänge an anderer Stelle um so massiver wieder auf — etwa in der zwangshaften Verwechslung von erotischer Erfüllung und Konsumglück, an der die allgegenwärtige Werbung so emsig arbeitet. Worin besteht nun für den heutigen Jugendlichen die angemessene Form, seine Zuneigung zu äußern: Soll er den Ritualen (zum Beispiel den Konsumpflichten) entsprechen, die sein Mädchen als treue ›Brigitte‹-Leserin von ihm erwartet, oder soll er ihnen zuwider handeln, auf die Gefahr hin, zum Außenseiter zu werden? Weil Außenseitertum nicht Vereinsamung bedeuten muß, sollten beide gemeinsam versuchen, neue Formen erotischer Kommunikation zu finden, die nicht industriell vorgefertigt sind.[19]

Freilich genügt es nicht, jeweils privat eine humanere In-

timsphäre abseits der gesellschaftlichen Zwänge herzustellen — man muß auch gegen jene kämpfen, die von den
Zwängen profitieren, damit die Zwänge an der Wurzel
gerodet werden können. Dabei geht es nicht darum, Haß
gegen die zufälligen Personen zu mobilisieren, die heute
in der Gestalt von Innensenatoren oder Konzernherren
eine Demokratisierung der Gesellschaft verhindern, sondern es geht darum, politische Energien freizusetzen, von
denen die Umgestaltung der Gesellschaft getragen werden
kann.

Für diese Arbeit an der Veränderung der Gesellschaft werden — sofern man nicht den zweifelhaften Weg des put-
schistischen Umsturzes einschlagen will — immer wieder
zwei Strategien vorgeschlagen:

1. der von Rudi Dutschke in Bad Boll proklamierte »lange
Marsch durch die Institutionen«, das heißt: Unterwande-
rung, Tarnung, partielle Anpassung — mit der ständigen
Gefahr vor Augen, von dem System, das man bekämpfen
und radikal verändern wollte, wider Willen doch inte-
griert zu werden, und

2. der Versuch, eine Gegengesellschaft aus kleinen Zellen
heraus aufzubauen und auszubreiten, Gegeninstitutionen
zu schaffen, die sich der Integration und Kollaboration so
weit wie möglich entziehen — kurz: ein soziales Milieu
zu schaffen und ökonomisch zu sichern, in dem der Widerstand eine Heimat findet. Hier wartet immer schon die
entgegengesetzte Gefahr: die der sektenhaften Isolation.

Beide Wege müssen dialektisch aufeinander bezogen werden: Weder kann die Gegengesellschaft auf Horchposten,
Verbündete und Sympathisanten in den bestehenden Institutionen verzichten, noch können die ›Partisanengrup-
pen‹, die in diesen arbeiten, auf den Rückhalt und die
Kritik verzichten, die sie nur in jener Gegengesellschaft
finden können. Man könnte fast sagen: Das wichtigste an
dieser Doppelstrategie ist die Vermittlung zwischen den
beiden Wegen, ist die aktive Solidarität zwischen den verschiedenen Gruppen.

Erfahrungsgemäß verkümmert die Radikalität des Denkens nur zu rasch unter dem Eindruck von Gratifikationen oder unter dem Druck von Rollenerwartungen — wie mancher antiautoritäre Assistent fand sich plötzlich als autoritärer Professor wieder! Andererseits hat auch schon mancher angesichts der Angepaßtheit und Unbelehrbarkeit seiner Mitmenschen resigniert und sich fortan mit einer kleinen Gemeinde von Rechtgläubigen zufrieden gegeben. Vestigia terrent: Von der lebensformerischen Bewegung, die zu Beginn unseres Jahrhunderts durchaus gegenkulturelle Tendenzen zeigte, ist kaum mehr nachgeblieben als eine Kette von Reformhäusern; von den ehemals potentiell revolutionären Absichten blieb nur das übrig, was sich unter den herrschenden Verhältnissen (die man doch zu verändern trachtete) profitabel realisieren ließ. Auch in der Gegenwart fehlt es nicht an Beispielen: »Rainer Langhans und Uschi Obermeier haben das Image der Kommune 1 auf das eines Pop-Paares reduziert. Zufall oder unaufhaltsame Entwicklung?«[20]
Gerade aus der Zerfalls-Geschichte der Kommune 1 läßt sich manches lernen. Andererseits wird man sich hüten müssen, daraus die falschen — nämlich neo-autoritäre — Schlüsse zu ziehen. Kommunen und andere Gruppen, die so etwas wie ein Gegenmilieu zu organisieren versuchen, werden sich in bezug auf ihre Lebensweise fragen müssen:

1. Wie verhält es sich mit der Ausbeutung von Schwächeren und Abhängigeren? (Es gibt immer schwächere, und sei es nur dadurch, daß einer einen geringeren Toleranzpegel für Schmutz anerzogen bekam als andere. Und abhängiger ist schon jeder, der mehr liebt, als er geliebt wird.)
2. Wie verhält es sich mit dem Besitzanspruch auf Menschen? (Da gab und gibt es auch in Kommunen beide Extreme, die beide gleich kleinbürgerlich sind: daß einer den jeweiligen Partner — ganz wie in der ›normalen‹ Ehe — als Alleinbesitz für sich reklamierte, und andererseits, daß jeder Allgemeinbesitz wurde: weh dem, der noch zu zweit intim sein wollte. Gruppenterror und Privatterror sind aber nur die beiden extremen Erscheinungsformen des

gleichen apodiktischen — und das heißt ängstlichen — Besitzanspruchs auf Menschen, den Diderot[21] bereits lange vor Marx als Folge von Verdinglichung beschrieben hatte.)

3. Wie verhält es sich mit der Solidarität in Konflikten? (Und zwar in Konflikten, die über den privaten Rahmen, zum Beispiel den von Besitzverhältnissen, hinausgehen. Ist die Gruppe in der Lage, ein Mitglied oder einen Außenstehenden, der um Hilfe bittet, zu beherbergen, zu versorgen, zu ernähren, zu verstecken, einen, der von der Polizei gesucht wird, aus einer Stellung entlassen wurde oder der auch nur über längere Zeit an einem Buch arbeitet?)

4. Wie verhält es sich mit dem Kontakt zu anderen, politisch arbeitenden Gruppen? (Gerade diejenigen politischen Gruppen, die von ihren Mitgliedern ein Höchstmaß an Verbindlichkeit fordern, neigen dazu, den Kontakt mit anderen Gruppierungen zu unterbinden. So wird die Gefahr der ideologischen Aufweichung gegen die Gefahr der ideologischen Erstarrung eingetauscht. Es geht aber gerade darum, eine Form zu finden, in der die verschiedenen Gruppen ihre Gegensätze austragen können und trotzdem weiterhin miteinander kooperieren, voneinander lernen und füreinander eintreten.)

5. Wie verhält es sich mit der sozialen Kreativität und Flexibilität? (Ist die Gruppe noch in der Lage, sich auf neue Situationen und Probleme einzustellen, neue Mitglieder aufzunehmen, Bündnisse einzugehen oder aufzulösen, sich zu spalten, zu erweitern oder zu verkleinern, und vor allem: die Personen in den Führungs- und Expertenrollen auszutauschen? Entstehen in der Gruppe neue Ideen und Vorschläge, andere Techniken und Strategien, — oder werden immer nur die altbekannten Rezepte befolgt? Ermöglicht oder verhindert das soziale Klima in der Gruppe divergentes Denken und kreatives Verhalten?)

Das sind Fragen an jene Gruppen, die eine neue Gesellschaft heute schon partiell und punktuell vorweg realisieren wollen, Fragen die jene Gruppen sich selbst stellen sollten, wenn sie den Anspruch erheben, die Gesellschaft wirklich zu verändern und neue Lebensformen zu erfin-

den, zu erproben, zu verbreiten. Alle fünf Fragen lassen
sich in der einen Frage zusammenfassen: Wie kann verhindert werden, daß in der Gegengesellschaft unter veränderten Vorzeichen die gleichen rigiden und egoistischen
Verhaltensmuster auftreten, die das Leben in der Gesellschaft bestimmen? Oder: Wie kann verhindert werden,
daß in der Gegengesellschaft die gleichen stumpfsinnigen
Rituale mit anderen Inhalten wieder erscheinen, die in der
Gesellschaft das Verhalten regulieren?

Eine mögliche Antwort auf diese Frage läßt sich in der
Entfaltung der Kreativität und der spielerischen Intelligenz — also in der ästhetischen Erziehung[22] — finden.

Allerdings genügt es nicht, ästhetisch zu protestieren, Ha-
schisch zu rauchen und die Flöte zu blasen. »Der Sozialismus, wo er mehr werden will als Emotion, wo er, dem
Lust-Antrieb folgend, eine neue Gesellschaft projektiert,
braucht Vorübungen, Voraussetzungen, Proben. Sie können allein im Kampf gewonnen werden, im Kampf auf
allen Ebenen, in vielen Formen. ... Schon schrumpfen die
Posen, Gesten, Parolen, Symbole, festen Aktionsformen
zu Wiederholungen und Abbildern dessen, was sie ab-
lehnen. Der Emotionsprotest sieht nicht, wie ihm geschieht;
die Analyse zeigt erst, daß bizarre Kleidung Protest gegen
orthodoxe Kleidung ist. Erklärten die Herrschenden bizarre Kleidung für gesellschaftsfähig, also verbindlich,
äußerte sich emotionaler Protest bald in Krawatte und
weißem Hemd. Das ist die innere Dialektik des ästhetischen Widerstands.«[23]

Auch eine alleinige Revision der Lebensweisen und Umgangsformen außerhalb des politischen Zusammenhangs
müßte auf diese Weise ›ästhetisch‹ bleiben. Es sind in letz-
ter Zeit schon viele ›unanständige‹ Worte öffentlich ausgesprochen worden, ohne daß der Sprechende wie ehedem
ins Stottern geraten wäre oder die Zuhörenden sich em-
pört hätten: aber an den Herrschafts- und Besitzverhältnissen hat das gar nichts geändert.

Allerdings könnte auf der anderen Seite, und diese Gefahr
ist sehr aktuell, in der Funktionalisierung des gesamten
Lebens auf bestimmte politische Ziele hin das komplette

bürgerliche Syndrom von Leistung, Ordnung, Disziplin im Lager der Revolutionäre fröhliche Urständ feiern. Es gibt auch eine linke Lustfeindlichkeit: das, was Ernst Bloch den »Kältestrom im Marxismus« genannt hat. Dagegen ist an den hedonistischen Motiven der Rebellion festzuhalten und die Frage nach der aktuellen Form von ›fraternité‹ immer wieder neu zu stellen.

Nach der Französischen Revolution von 1789 soll es Kleidungsstücke gegeben haben, die absichtlich so konstruiert waren, daß man sie nicht allein zuknöpfen konnte: damit man auch bei dieser alleralltäglichsten Verrichtung eines ›Bruders‹ bedurfte, der daran seine ›fraternité‹ beweisen konnte. Inzwischen hat es — im Mai 1968 — in Paris eine neue Rebellion gegeben, deren wesentliches Merkmal, wie manche Beobachter meinen, die spontane Übereinstimmung und Solidarität zwischen den Revoltierenden war, eine neue Form von Mitmenschlichkeit, die diesmal nicht an hergeholten Konstruktionen geübt werden mußte: »Von den drei Losungen der Französischen Revolution stand diesmal nicht die ›Freiheit‹ im Vordergrund [...] und auch nicht die ›Gleichheit‹, wohl aber die ›Brüderlichkeit‹. Das allgemeine Duzen, auch wo sonst Barrieren des Alters oder der Hierarchie bestehen, die Anrede *camarade* — das hieß: wir sind beisammen, mehr noch als: wir machen Revolution. Oder vielmehr: dieses Beisammensein ohne die üblichen Schranken und Hemmungen war selber eine Revolution.«[24]

An deutschen Universitäten erlebt man es seit 1967 immer häufiger, daß einander bis dahin fremde Studenten sich plötzlich duzen, weil sie sich im Verlaufe einer Seminardiskussion als Genossen erkannt haben, während sie die anderen Studenten weiterhin mit ›Sie‹ anreden. Das Wort ›Genosse‹ hat ebenfalls eine verblüffende Wandlung durchgemacht: eine Anrede, die vordem im müden Bürokratendeutsch der SPD als ein Relikt aus längst vergangenen Zeiten nur mehr gewohnheitsmäßig angewendet wurde, hat wieder neuen Sinn und Glanz gewonnen: in den Demonstrationen der APO, in den Republikanischen Clubs, in den ›Roter Punkt‹-Aktionen.

Gerade die Erfindung des roten Punktes ist ein hervorragendes Beispiel für die soziale Kreativität der ›Neuen Linken‹ in Deutschland. Wer sich einen roten Punkt an die Windschutzscheibe seines Wagens klebt, tut damit zunächst nur kund, daß er bereit ist, Passanten mitzunehmen, das heißt, daß er sein Auto nicht mehr als privat-egoistisches Statussymbol und Verkehrsmittel ansieht, sondern daß er sich freiwillig zur unentgeltlichen Beförderung seiner am Wege stehenden Mitmenschen verpflichtet. Die Idee dazu scheint nach den ersten großen Demonstrationen im Sommer 1967 in Berlin entstanden zu sein: Mit der Kennzeichnung ihrer Wagen halfen die Studenten einander, der Polizei schneller zu entkommen, indem sie sichtbar machten, welche Fahrzeuge angehalten werden konnten, um Demonstranten aus der Gefahrenzone zu transportieren. Infolgedessen wurden eine Zeitlang alle Wagen, die einen roten Punkt hatten, von der Berliner Polizei auch besonders scharf kontrolliert. Auch hat es — seitens der ›anständigen‹ Berliner — mutwillige Beschädigungen an parkenden Roter-Punkt-Autos gegeben. Dennoch wurde der rote Punkt sehr rasch zu einer immer weiter um sich greifenden Mode — man wird wohl sagen dürfen: zu der progressivsten Mode, die es in der Autobranche je gegeben hat, und die beim Streik gegen die öffentlichen Verkehrsmittel 1969 in Hannover bereits ihre politische Brisanz bewiesen hat.[25] Mit dem roten Punkt kann jeder Autobesitzer durch ein äußerst knappes Zeichen zugleich ein politisches Bekenntnis und ein Angebot von Hilfsbereitschaft signalisieren. Sicherlich ist das politische Bekenntnis äußerst vage und sicherlich beschränkt sich das Hilfsangebot zunächst nur auf die unentgeltliche Beförderung. Dennoch darf man den politischen Wert der Rote-Punkt-Solidarität nicht unterschätzen: Immerhin ermöglicht dieses Zeichen in einer Stadt wie Berlin täglich in mehreren tausend Fällen gegenseitige Hilfe — und was fast noch wichtiger ist: bei dieser Gelegenheit gegenseitige Information und Verständigung — von Menschen, die einander sonst weder kennen noch treffen würden. Vor allem ermöglicht dieses Zeichen es denjenigen, die mit der radikaldemokratischen Opposition sympathisieren, ihre Sympathie relativ oft auf relativ einfache und ungefährliche Weise praktisch werden zu lassen. Anstatt darüber zu klagen, daß nicht jeder, der sein Auto mit einem roten Punkt schmückt, auch an der politischen Arbeit der oppositionellen Gruppen teilnimmt, sollten diese sich bemühen, weitere Signale und Situationen zu erfinden, die weitere praktische Solidarität von Außenstehenden ermöglicht. Denn auf diese Weise kann nicht nur die Basis erweitert werden, es können auch innerhalb der bestehenden sozialen Ordnung die Erfahrungen gemacht und die Verhaltensweisen geübt werden, auf die es in einer künftigen revolutionären Situation entscheidend ankommen kann. Wenn nämlich eine solche Situation nur von denen genutzt wird, die sich systematisch darauf vorbereitet haben, und nicht von einer größeren Anzahl von Menschen aus allen Teilen der Bevölkerung verstanden und ergriffen wird, dann würde es wieder nur zu einer staatsstreichähnlichen Revolte kommen, der keine Veränderung in der Gesellschaft entspräche: statt einer Selbstbefreiung der Vielen gäbe es allenfalls eine Machtübernahme der Wenigen, die die Freiheit auf ihrer Seite glauben.

»Worauf es ankommt, ist eine Praxis, die jene Wertvorstellungen sichtbar macht, die der Sozialismus in sich birgt und von denen die Gesellschaft von morgen nur dann durchdrungen sein kann, wenn diejenigen, die für diese Gesellschaft kämpfen, sich bereits heute von ihnen leiten lassen. Es sind die Werte der Basisdemokratie, der Kulturautonomie, der allseitigen Entfaltung des Individuums, der kollektiven Solidarität« (Lelio Basso).[26]

Anmerkungen

1 Wir verwenden den Begriff ›manipulieren‹ hier in dem nicht wertgerichteten Sinne des ›Eingreifens‹ und den Verlauf der Dinge durch das Eingreifen Bestimmens.
2 Ganz deutlich wird diese pazifizierende Funktion der Höflichkeit bei konstant gehaltenem Herrschaftsanspruch etwa in den Führungsstil-Untersuchungen des Ehepaares A. und R. *Tausch:* Erziehungspsychologie. Psychologische Vorgänge in Erziehung und

Unterricht, Göttingen 1963. Der von den Autoren favorisierte ›sozial-integrative‹ Erziehungsstil enthält die alten ›autoritären‹ Ziele bei einem höheren Maß menschlicher Zuwendung der Lehrer gegenüber den Schülern.

3 Hans *Tietgens:* Vom Nutzen und Nachteil der Konvention, in: Das Ende der Höflichkeit, S. 111.

4 Robert Paul *Wolff* u. a.: Kritik der reinen Toleranz, Frankfurt 1966.

5 *Wolff:* Toleranz, a. a. O., S. 58.

6 Bertolt *Brecht:* Verjagt mit gutem Grund, in: Bertolt *Brecht,* Gesammelte Werke 9, Frankfurt 1967, S. 721.

7 Diethart *Kerbs:* Erziehung zum Anstand in einer unanständigen Gesellschaft, in: Das Ende der Höflichkeit, S. 30.

8 *Kerbs:* Erziehung, a. a. O., S. 30.

9 Herbert *Marcuse:* Repressive Toleranz, in: *Wolff:* Toleranz, a. a. O., S. 123.

10 C. Wolfgang *Müller:* Das Elend unserer Anstandserziehung, in: Das Ende der Höflichkeit, S. 47 f.

11 Ein solches didaktisches Vorgehen haben schon die Schulbuchuntersuchungen von Wolfgang Schulz, Gunter Otto, Gerhard Dallmann u. a. nahegelegt. Vgl. Wolfgang *Schulz* u. a.: Die Darstellung der Welt in Lesebüchern der Gegenwart, in: Didaktische Informationen, Heft 2/3, Berlin 1962.

12 *Baron von Wittken-Jungnik* (Hg.): Das Buch der guten Umgangsformen. Ein moderner Knigge, Wiesbaden o. J., S. 88 und 90.

13 C. Wolfgang *Müller:* Das Elend unserer Anstandserziehung, in: Das Ende der Höflichkeit, S. 47.

14 Diethart *Kerbs:* Erziehung zum Anstand in einer unanständigen Gesellschaft, in: Das Ende der Höflichkeit, S. 31.

15 *Kerbs:* Erziehung, a. a. O., S. 30 f.

16 *Kerbs:* Erziehung, a. a. O., S. 31.

17 *Kerbs:* Erziehung, a. a. O., S. 14 f., und Hartwig *Heine:* Tabuverletzung als Mittel politischer Veränderung, in: Das Ende der Höflichkeit, S. 115 ff.

18 Gerhard *Zwerenz:* Die Lust am Sozialismus, Frankfurt 1969 (= Streit-Zeit-Bücher 6, Heinrich Heine Verlag), S. 108.

19 Beispiele dafür finden sich in dem Buch: Bernard *Gunther* und Paul *Fusco:* Entspannung zu zweit. Die neue Sinnlichkeit: Experimente und Spiele, Frankfurt (Verlag Bärmeier & Nikel) 1969. Rezension dazu in: Kunst + Unterricht, Heft 7/1970.

20 Werner *Borsbach* und Kai *Ehlers:* Das Ende einer Kommune, in: ›Konkret‹, 30. Dezember 1969, S. 20.

21 Denis *Diderot:* Nachtrag zu ›Bougainvilles Reise‹, Frankfurt 1965 (= sammlung insel, Band 4), S. 32 ff.

22 Vgl. dazu Diethart *Kerbs:* Das Ritual und das Spiel — über eine politische Dimension der ästhetischen Erziehung (Unveröffentlichtes Rundfunkmanuskript. Hessischer Rundfunk, Sendereihe »Bildungsfragen der Gegenwart«, 26. Oktober 1969), und: Diethart *Kerbs:* Ästhetische und politische Erziehung, in: Kunst + Unterricht, Heft 1/1969, S. 28-31.

23 *Zwerenz:* a. a. O., S. 105 f.

24 Francois *Bondy:* Der Rest ist Schreiben, in: ›Die Zeit‹, 9. August 1968, S. 9.

25 Vgl. dazu die vorzügliche Analyse: Straßenbahnaktionen '69. Verlagskooperative Trikont, München o. J. (1969/70), die sich jedoch nur auf die Straßenbahnstreiks in Hannover und Heidelberg im Juni 1969 bezieht.

26 Lelio *Basso:* Zur Theorie des politischen Konflikts, Frankfurt 1969 (= edition suhrkamp, Band 308), S. 108.

DIE AUTOREN DER BEITRÄGE

Diethart Kerbs, geboren 1937, studierte zunächst an der Hochschule für Bildende Künste in Berlin Kunst- und Werkerziehung, dann an den Universitäten Erlangen, Tübingen und Göttingen Pädagogik, Philosophie, Soziologie, Politikwissenschaft und Völkerkunde. Anschließend war er einige Jahre als Assistent von Hartmut von Hentig am Pädagogischen Seminar der Universität Göttingen tätig. Seit 1969 ist er Dozent für Kunstpädagogik an der Pädagogischen Hochschule Berlin und Lehrbeauftragter an der Hochschule für Bildende Künste. Er ist Mitherausgeber der Zeitschrift »Kunst + Unterricht«.

C. Wolfgang Müller, geboren 1928, studierte in Basel und Berlin Anglistik, Germanistik, Philosophie und Publizistik. Seine Dissertation befaßte sich mit dem Thema politisches Kabarett, und im Zusammenhang damit entstand auch seine erste Veröffentlichung »Narren, Henker, Komödianten« (Bonn 1956). Nach seiner Tätigkeit als Kulturreferent bei der Sozialistischen Jugend Deutschlands in Berlin war er Dozent und später Leiter des Instituts für Jugendgruppenarbeit »Haus am Rupenhorn« in Berlin. Anschließend studierte er an der Freien Universität Berlin Soziologie und Erziehungswissenschaft. Seit 1964 ist er Professor für Sozialpädagogik an der Pädagogischen Hochschule Berlin. Zusammen mit Hans Maasch veröffentlichte er »Gruppen in Bewegung« (München 1962), zusammen mit Peter Nimmermann »In Jugendclubs und Tanzlokalen« (München 1968), zusammen mit anderen Autoren »Was ist Jugendarbeit?« (5. Auflage München 1970). In der Reihe »Gesellschaft und Erziehung« veröffentlichte er »Jugend. Soziologische Materialien« (Heidelberg 1967).

Hanna Krumteich, geboren 1940 in Breslau, aufgewachsen in Thüringen, studierte in München und Berlin Jura, Slavistik und Pädagogik. Ihr Studium an der Pädagogischen Hochschule Berlin hat sie vor kurzem mit dem Staatsexamen als Lehrerin abgeschlossen.

Wiltrud Ulrike Drechsel, geboren 1940, studierte in Frankfurt, Dijon und Paris Romanistik, Geschichte und Erziehungswissenschaft. 1967 promovierte sie in Frankfurt mit einer Untersuchung über die Schulpläne der Französischen Revolution. Ihre Dissertation erschien unter dem Titel »Erziehung und Schule in der Französischen Revolution. Untersuchungen zum Verhältnis von Politik und Pädagogik in den Reformplänen der Jahre 1792/1794« (Frankfurt 1969). Zur Zeit ist sie als wissenschaftlicher Assistent in dem Fachbereich Historische Pädagogik an der Pädagogischen Hochschule Berlin tätig.

Hans Tietgens, geboren 1922, ist seit 1954 in der Erwachsenenbildung tätig. Er war mehrere Jahre Bundestutor für politische Bildung beim Deutschen Volkshochschulverband und leitet jetzt die Pädagogische Arbeitsstelle des Deutschen Volkshochschulverbandes. Neben vielen Aufsätzen in Fachzeitschriften veröffentlichte er die beiden Bücher »Lernen mit Erwachsenen« (Braunschweig 1968) und »Erwachsenenbildung zwischen Romantik und Aufklärung« (Göttingen 1970).

Hartwig Heine, geboren 1937, studierte Physik, Philosophie und Soziologie in Göttingen. Während seines Studiums war er Mitglied des SDS. Auf Grund seiner Teilnahme an der Hochschulrevolte wurde er verurteilt, später amnestiert. Er ist jetzt Referent bei »Arbeit und Leben«. In diesem Zusammenhang arbeitet er mit bei betriebsnahen Schulungskursen mit Arbeitern und an der Redaktion der »Göttinger Betriebszeitung«. Aufsätze von ihm sind unter anderem auch in linken italienischen Zeitschriften erschienen.

Kommune 2: Der in diesem Band enthaltene Beitrag »Alltag in der Kommune« ist dem von der Kommune 2 herausgegebenen Buch »Versuch der Revolutionierung des bürgerlichen Individuums« (Seite 51 bis 67) entnommen. Das Buch ist erschienen im Oberbaumverlag, Berlin, 1969 (312 Seiten, broschiert DM 13.—).

Juventa
Materialien